U0448257

国家出版基金项目

"十三五"国家重点图书出版规划项目

中国语言文化典藏系列　组委会

主　任

杜占元

执行主任

田立新

成　员

田联刚　周慧琳　刘　利　黄泰岩　于殿利

张浩明　刘　宏　周晓梅　周洪波　尹虎彬

中国语言资源保护工程

中国语言文化典藏系列　编委会

主　编

曹志耘

副主编

王莉宁　刘晓海

委员（音序）

顾　黔　侯精一　黄拾全　李锦芳　李如龙　乔全生

严修鸿　杨慧君　易　军　游汝杰　余桂林

主编 曹志耘
副主编 王莉宁 刘晓海

中国语言文化典藏·澳门

王莉宁 著

商务印书馆
The Commercial Press
2017年·北京

此项研究获得以下资助：

教育部哲学社会科学研究重大课题攻关项目"中国方言文化典藏"（批准号：11JZD035）

澳门理工学院项目"澳门方言文化典藏"

北京语言大学中青年学术骨干支持计划

序

　　随着现代化、城镇化的快速发展，我国的语言方言正在迅速发生变化，而在其中方言文化可能是变化最剧烈的一部分。也许我们还会用方言说你我他，但已无法说出婚丧嫁娶各个环节的方言名称了。也许我们还会用方言数数，但已说不全"一朏穷，两朏富……"这几句俗语了。至于那些世代相传的山歌、引人入胜的民间故事，更是早已从人们的生活中销声匿迹。而它们无疑是方言的重要成分，更是地域文化的精华。遗憾的是，长期以来，我们习惯于拿着字表、词表去调查方言，那些丰富而生动的方言文化现象往往被忽略了。

　　在《汉语方言地图集》出版之后，经过近两年时间的论证和准备，我们于2010年启动了"中国方言文化典藏"项目。2011年，教育部社会科学司把"中国方言文化典藏"列入《2011年度教育部哲学社会科学研究重大课题攻关项目招标课题指南》，我们组织了竞标并有幸获得通过。

　　我们所说的"方言文化"是指用特殊方言形式表达的具有地方特色的文化现象，包括地方名物、民俗活动、口彩禁忌、俗语谚语、民间文艺等。"典藏"是指在实地调查的基础上，利用多媒体、数据库和网络技术进行保存和展示。在项目进行过程中，我们将"中国方言文化典藏"更名为"中国语言文化典藏"。

　　调查点以汉语方言为主，也包括少数民族语言。汉语点主要以方言分布情况为依据，同时兼顾地域因素。少数民族语言选择比较重要并有研究力量的点。现已开展调查的点有40个左右。

　　调查方法采用文字和音标记录、录音、摄像、照相等多种手段。除了传统的记音方法以外，还采用先进的录音设备和录音软件，对所有调查条目的方言说法进行录音。采用高清摄像机，与录音同步进行摄像；此外，对部分方言文化现象本身（例如婚礼、丧礼、春节、元宵节、民歌、曲艺、戏剧等）进行摄像。采用高像素专业相机，对所有调查条目的实物或活动进行拍照。

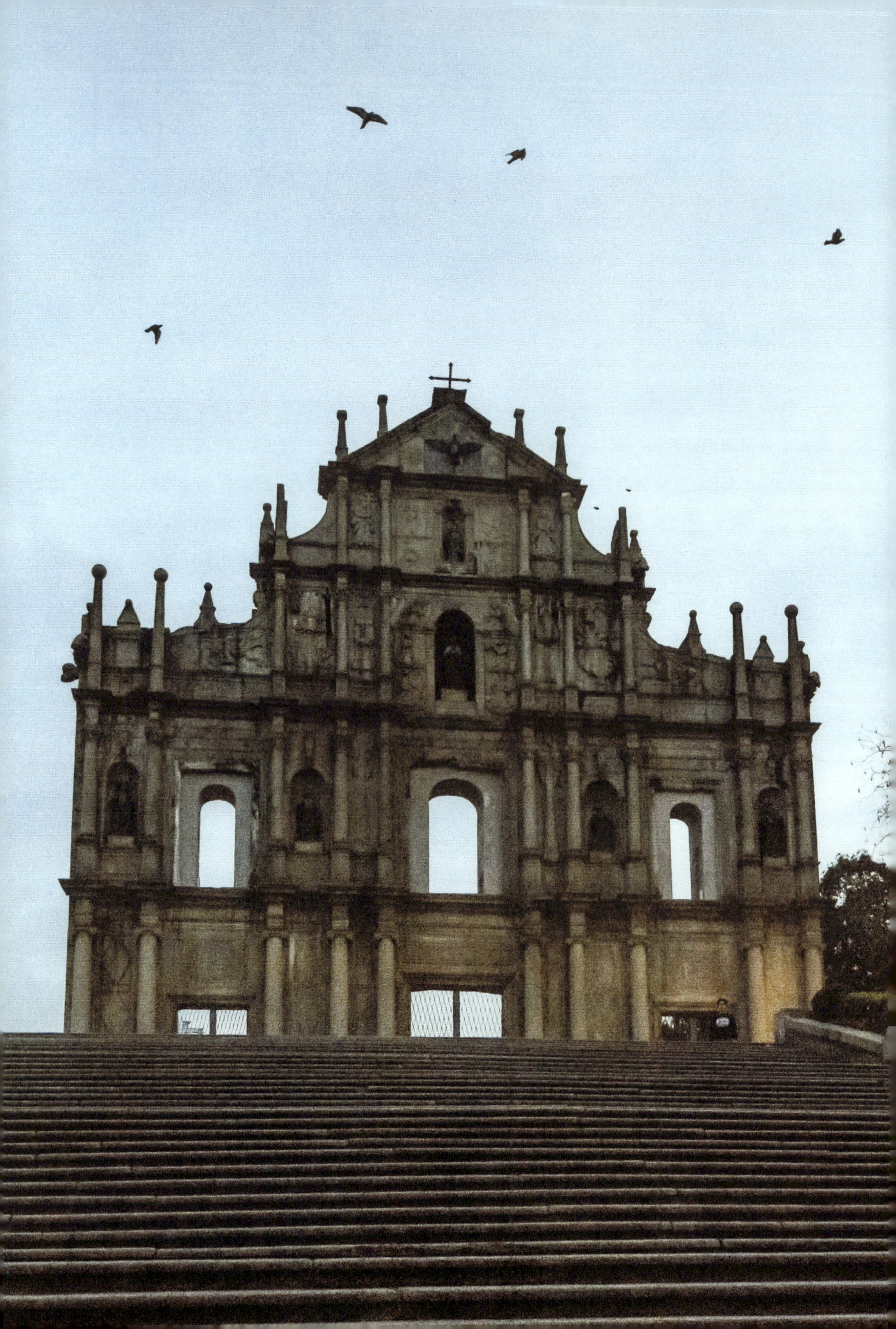

为了顺利开展这项工作，我们专门编写出版了《中国方言文化典藏调查手册》（商务印书馆，2015年）。手册制定了调查、语料整理、图册编写、音像加工、资料提交各个阶段的工作规范；并编写了专用调查表，具体分为9个大类：房屋建筑、日常用具、服饰、饮食、农工百艺、日常活动、婚育丧葬、节日、说唱表演，共800多个调查条目。

项目成果包括分地系列图册、多媒体电子出版物和多媒体资料库等。其中图册以调查点为单位，以调查条目为纲，收录方言文化图片及其方言名称（汉字）、读音（音标）、解说，以图带文，一图一文，图文并茂。每册收图600幅左右。图册拟分辑陆续出版。

"方言文化"是一个新的研究领域，需使用的调查、整理、加工方法对于我们当中很多人来说都是陌生的，要编写的图册、要建的多媒体资料库亦无先例可循。这项工作的挑战性可想而知。

近5年来，我们白手起家，讨论界定"方言文化"的内涵，制定完善工作规范，编写调查条目，研制录音、转写和标注软件，办培训班，开审改会，一步一个脚印地艰难摸索和跋涉，经过重重雾霾，如今终于见到了一缕胜利的曙光。这对于我们每一个人来说，无疑是巨大的安慰。

在此，我要向课题组的所有同仁道一声感谢。为了完成调查工作，大家不畏赤日之炎、寒风之凛，肩负各种器材，奔走于城乡郊野、大街小巷，记录即将消逝的乡音，捡拾散落的文化碎片。有时为了寻找一个旧凉亭，翻山越岭几十里路；有时为了拍摄丧葬场面，与送葬亲友一同跪拜；有人因山路湿滑而摔断肋骨，住院数月；有人因贵重设备被盗而失声痛哭……。在如今这个红尘滚滚的社会里，大家能够为了一个共同的使命，放下个人手头的事情，不辞辛劳，不计报酬，去做一项公益性的事业，不能不让人为之感动。

然而，眼前的道路依然崎岖而漫长。传统方言文化现象正在大面积地快速消逝，我们在和时间赛跑，而结果必然是时间获胜。但这不是放弃的理由。著名人类学家弗雷泽说过："一切理论都是暂时的，唯有事实的总汇才具有永久的价值。"引以自勉。

曹志耘

于北京语言大学

目录

序

引 言   1
  一 澳门   2
  二 澳门方言   5
  三 凡例   10

壹 · 房屋建筑   13
  一 住宅   16
  二 其他建筑   42

贰 · 日常用具   51
  一 炊具   52
  二 卧具   58
  三 桌椅板凳   60
  四 其他用具   65

叁 · 服饰   75
  一 衣裤   76
  二 鞋帽   79
  三 首饰等   82

肆 · 饮食   87
  一 主食   90
  二 副食   99
  三 菜肴   112

伍 · 农工百艺   127
  一 农具   130
  二 手工艺   134
  三 商业   148
  四 其他行业   156

陆·日常活动　169

一　起居　170
二　娱乐　176
三　信奉　183

柒·婚育丧葬　209

一　婚事　212
二　生育　224
三　丧葬　226

捌·节日　233

一　春节　236
二　清明节　248
三　浴佛节　256
四　哪吒诞　262
五　中秋节　270
六　其他节日　274

玖·说唱表演　283

一　口彩禁忌　284
二　博彩语　288
三　俗语谚语　292
四　歌谣　301
五　曲艺戏剧　305
六　故事　310

调查手记　320

参考文献　326

索　引　327

后　记　334

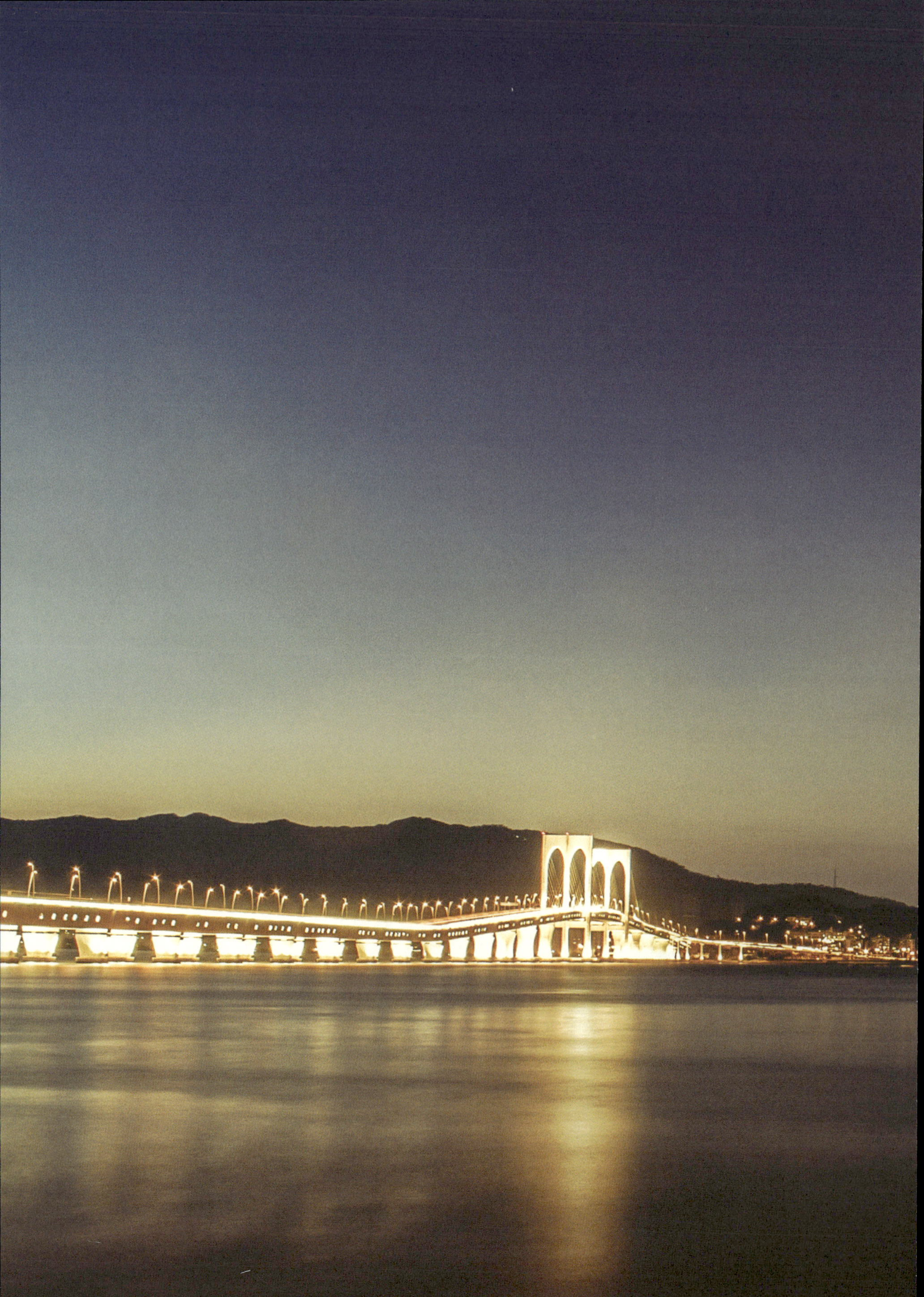

引言

一　澳门

0-1 澳门观音像◆新口岸

　　澳门，位于中国大陆东南沿海，地处珠江三角洲的西岸，毗邻广东省，与香港相距 60 公里，距离广州 145 公里。澳门由陆地及海上部分组成，陆地部分由关闸澳门边检大楼段和鸭涌河段两段组成，海上部分由内港段、路氹航道段、澳门南部海域段、澳门东部海域段、人工岛段和澳门北部海域段六段组成，地理位置东经 113°31′41.4″—113°37′48.5″，北纬 22°04′36.0″—22°13′01.3″。面积 85 平方公里，人口约 65 万。（参看澳门特别行政区政府入口网站）

　　澳门现在的全称为"中华人民共和国澳门特别行政区"。葡萄牙语（以下称"葡语"）称"澳门"为 Macau，英语写作 Macao。传说是葡萄牙人从妈阁庙前的海滩登陆，进入澳门，听到本地人称此处为"妈阁"$[ma^{35}kɔk^3]$，便用葡语音译为 Macau。后来 Macau 作为外来词再进入汉语，便有了"马交"。人们与其来源相联系，又演变为"妈港""阿妈港"。从古至今，澳门还有许多别称，根据其命名机制可分为以下几种：

1. 妈祖类。如"马交""妈港""阿妈港"。

2. "蚝"类。如"蚝江""蚝镜""蚝镜澳"。"蚝"又写作"蠔",又取江水之义,有时写作"濠"。

3. 江海类。如"海镜""镜湖"。

4. "澳"类。如"澳门""澳门街""香山澳"。

5. "莲"类。如"莲茎""莲茎澳""莲海""莲洋""莲岛"。

6. 其他。如"梳打埠"。

名称虽多,但都与澳门的地理特征、特产风俗、特色行业有关。如澳门生产"生蚝"[ʃaŋ⁵⁵hou²¹]牡蛎,故以"蚝"作为名称,后又附会写作更像地名的"濠"字;而澳门位于珠江入海口,海面如镜,故而以"江""海""湖"和"镜"联合称之。"澳"是船舶靠岸之地,与"港""埠"相似,故而在多个地名后加上"澳"。至于"澳门"本名的来源,一般论著都会援引1751年《澳门记略》的说法:"其曰澳门,则因澳南有四山林立,海水纵横贯其中,成十字,曰十字门,故合称澳门。"清初屈大均在《广东新语》"澳门"条里记道:"澳有南台、北台。台者山也。以相对。故谓澳门。"可见与其地形地势相关。澳门占地面积很小,1840年时只有10平方公里多一些,广府片粤语有句俗语说:"广州城,香港地,澳门街。"澳门人有时也将自己生活的地方称为"澳门街"[ou³³mun²¹kai⁵⁵];"香山澳"则与澳门自南宋后长期隶属于香山县有关。"莲"类的地名为雅称,《广东新语》里记有"自香山城南以往二十里,一岭如莲茎,逾岭而南,至澳门为莲叶"。回归后莲花成为了澳门的区花和区旗、区徽上的图案。此外,澳门以博彩业的盛行而闻名于世,博彩业的收入于2006年超过了美国的拉斯维加斯,从而获得了"世界第一赌城"之称。从20世纪五、六十年代开始,香港人把澳门称为"梳打埠"[ʃo⁵⁵ta³⁵fou²²]。"梳打"原指苏打粉,由于带碱性,过去常用作洗衣服的洗涤用品,遇水则化。人们用"梳打"来借喻赌场,因为在赌场上,再多的钱也将如流水般稍纵即逝;"埠"也是口岸,在广府片粤语里读轻唇音声母,比较特殊。

澳门经历了特殊的历史，由此造就了中西合璧、和而不同的文化特征。澳门自古便是中国的领土，自秦开始属南海郡番禺县，唐朝划入东莞县，南宋绍兴二十二年（1152年）划入香山县。明嘉靖三十二年（1553年），葡萄牙人获准在澳门登陆，从而取得了澳门居住权；清光绪十三年（1887年）以来，葡萄牙政府与清政府签订了不平等的《中葡和好通商条约》等条约，澳门就此被葡萄牙占领。（以上史料据黄翊2007:3-7概述而成）1999年12月20日，澳门回归中国。在"一国两制"的背景之下，澳门现为中国的两个特别行政区之一，具有特殊的政治、经济和文化地位。

0-2 鸟瞰澳门半岛◆东望洋灯塔

二 澳门方言

（一）概 述

澳门素有"语言博物馆"的美誉，语言方言种类繁多。汉语有粤、闽、客、吴等方言，以及来自内地、海外归侨所说的带有各地方言色彩的普通话（黄翊 2007：91-95）；外语有葡、英、泰、马来西亚、西班牙、印第安等语言，此外还有"土生"[tʰou³⁵ʃaŋ⁵⁵]土生葡人，即在澳门出生、生活的中葡混血儿所说的一种以葡语为基础、同时混合了粤语特征的克里奥尔语。

澳门人把自己的母语称为"广东话"，属粤语广府片（也称为"粤海片"）方言。在如此丰富的语言方言环境中，粤语当之无愧地成为了澳门主要的交际工具，是澳门人语言身份的标志，即使在葡据时期也不例外。在家庭内部、对外交际、广播传媒、学校教育等方面，粤语几乎通行无阻。由于澳门粤语的强势地位，当外地人来到澳门后，为了融入社会、获得身份认同，必然会学习粤语。而来自非广府片粤语地区的人，以及其他省份（如福建、江浙一带）的人所说的粤语，会带有自己母语负迁移的影响，显得不太正宗，虽可用于与本地人交流，但会因或大或小的口音差异而被灵敏的澳门人察觉为"乡下人"[hœn⁵⁵ha³⁵ien²¹]对来自于港、澳以外其他粤语区的人的谑称或"外省人"[ŋɔi²¹ʃaŋ³⁵ien²¹]。在诸种粤语的变体里，最为特殊的当属土生葡人所说的粤语，尽管以澳门粤语为其基本框架，但在声、韵、调和词汇、语法方面均有自身特点，带有明显的身份特征。

本书所说的澳门方言文化，主要指澳门本地人的粤语文化，这也是在澳门历史时间最长、通行范围最广的方言文化；此外，由于澳门的历史地位特殊，对于一些来自于葡萄牙等国家的外来文化现象，如果其存在的时间较长，并已被澳门本地人接受甚至有所创新、发展，也将有所涉及。

（二）声韵调

1. 声母15个，包括零声母。例字右下角的"1"表示又读音当中最常用或最口语化的读音，"2"次之

  p 八兵病拔　　 pʰ 派片爬被被子　　 m 麦明尾物　　 f 飞副肥灰

  t 多东袋淡₂笛　　 tʰ 讨甜抬淡₁　　 l 脑年泥蓝连路

  tʃ 早租竹装纸　　 tʃʰ 草寸抽初春　　 ʃ 丝酸山手书
    坐₂谢站习　　 全坐₁祠柱床　　 事船顺十时

  k 高九近₂共局　　 kʰ 溪捆穷近₁　　 ŋ 熬岩矮安　　 h 开轻好响

  ø 阿澳耳软
    活温吴五

说明：

零声母在合口呼和齐齿呼、撮口呼韵母前略带摩擦，接近 [w] 和 [j]。本书记为零声母。

2. 韵母92个，包括自成音节的 [m̩]

            i 知指事耳姨　　 u 姑虎乌夫　　 y 猪余主雨

  a 麻茶家花　　 ua 瓜挂华

  ɔ 哥火婆初　　 uɔ 禾窝

  ɛ 茄姐蛇骑　　 iɛ 惹爷夜　　 uɛ □（□ uɛ³⁵ ~ 啹野"：翻来：
                                  找点儿东西回来）

  œ 靴

            iu 标笑桥钓晓　　 ui 贝梅

  ai 猜带排街败　　 iai □（□ iai³⁵ ~ 单车：骑自行车）　　uai 乖怪拐坏

  ɐi 世米鸡肺　　 iɐi □（□ iɐi³⁵：调皮）　　uɐi 桂跪龟贵委位威

  ɔi 袋菜爱害

  ei 比寄美地器你气飞

øy 女句雷最岁嘴水　　　iøy 锐

au 包猫闹炒交

ɐu 豆走狗谋刘酒周九　　iɐu 休有幼

ɛu □（空□□ leu⁵⁵leu⁵⁵：空荡荡）

ou 布土粗宝刀早高好

　　　　　　　　　　　im 尖盐剑甜

am 谭南淡三斩咸衫

ɐm 暗甘林心金　　　　iɐm 任音

ɛm □（□ lɛm³⁵：舔）

om 泵

　　　　　　　　　　　in 连扇扁₁天言　　　un 盆官欢碗　　yn 短酸全砖犬圆远

an 范兰瓣眼晏万　　　　　　　　　　　　　uan 关惯幻湾

ɐn 根新斤婚分　　　　iɐn 因人　　　　　uɐn 滚军温允

ɛn 扁₂

ɔn 干汗安

øn 鳞津榛顿春　　　　iøn 润

aŋ 棒彭冷生₁争　　　iaŋ □（□ iaŋ³³ 窗：支摘窗）　uaŋ 逛横宏

ɐŋ 灯肯生₂杏莺　　　　　　　　　　　　　uɐŋ 轰

ɔŋ 帮康床光房窗江　　　　　　　　　　　　uɔŋ 王旺

əŋ 病镜井钉₁艇

œŋ 凉浆张霜唱香　　　iœŋ 羊养样赢

eŋ 冰蒸兵京钉₂兄　　　ieŋ 英婴形营　　ueŋ 永迥

oŋ 东公宋风虫蜂龙凶　　ioŋ 翁熊用

　　　　　　　　　　　ip 聂叶业蝶

ap 答腊夹₁鸭立习

ɐp 盒洽立十   iɐp 入

ɛp 夹₂

                              it 灭热揭节结   ut 沫阔活   yt 夺雪月血

at 押法辣八杀发   uat 刮

ɐt 乏袜笔七窟物   iɐt 日一   uɐt 骨橘掘

ɛt □（□ tʰɛt⁵ ~ 只拖鞋出街：
    穿拖鞋上街）

ɔt 割葛渴

øt 栗蟀出

ak 握肋₁黑测百革   iak 吃₁   uak 划

ɐk 北肋₂侧陌麦

ɔk 薄落郭缚角学   uɔk 镬

ɛk 剧席₁石笛吃₂

œk 雀脚桌   iœk 约药

ek 识色戟席₂戚   iek 益疫   uek 域

ok 木屋毒福六   iok 沃肉玉

m̩ 吴蜈梧五午误悟唔

说明：

模韵疑母字有时会说成 [ŋ]，如：五 m̩³⁵ ~ ŋ³⁵，但 [m] 与 [ŋ] 不区别意义。

3. 单字调 8 个

阴平	[55]	该东风开春通
阳平	[21]	皮铜红油门龙
上声	[35]	古九懂苦讨草，五买老有，坐₁柱厚淡₁
阴去	[33]	怪四冻去快痛
阳去	[22]	树𪜶洞，路㞗乱，坐₂罪后淡₂劲
高阴入	[5]	急出北迹谷
低阴入	[3]	搭节雪各尺
阳入	[2]	十罚白择毒，立叶月麦历六

（三）音变条例

澳门粤语的音变现象主要体现在声调方面，具体而言有以下几种表现：

1. 清平字有时会读为[53]，但出现的频率较低，与[55]不区别意义。如：租 tʃou⁵⁵~tʃou⁵³。

2. 在词汇环境里，一些单音节词，以及双音节或多音节词的末字会变读为[35]调，与上声字的调值相同。如：澳门 [ou³³mun³⁵]（"门"的单字音 [mun²¹]）| 茶壶 [tʃʰa²¹u³⁵]（"壶"的单字音 [u²¹]）| 腊鸭 [lap²ŋap³⁵]（"鸭"的单音字 [ŋap³]）| 赏月 [ʃœŋ³⁵yt³⁵]（"月"的单音字 [yt²]）。有些字已读不出本调，或者变调已经取代了本调的地位，如：园 [yn³⁵]｜笼 [loŋ³⁵]｜帽 [mou³⁵]｜鈪 [ŋak³⁵]。

3. 在词汇环境里，还有少数字会变读为[55]调，与清平字的调值相同。如：箩 [lɔ⁵⁵]。

三 凡例

（一）记音依据

本书方言记音以澳门半岛老年人的方言为准。

主要发音人为邝荣发先生，1950年1月在澳门半岛出生，从未长时间离开过澳门，现为澳门电力公司的退休员工。

（二）图片来源

本书收录澳门方言文化图片近600幅。这些图片主要是近几年在澳门半岛拍摄的，也有部分图片是在氹仔、路环等地区拍摄的。另外有个别图片是从澳门博物馆、澳门海事博物馆翻拍的。

图片拍摄者主要为作者本人。部分图片由田凯、欧俊轩、杨璧菀、杨慧君、黄梁君提供。

（三）内容分类

本书所收澳门方言文化条目按内容分为9大类34小类：

（1）房屋建筑：住宅、其他建筑

（2）日常用具：炊具、卧具、桌椅板凳、其他用具

（3）服饰：衣裤、鞋帽、首饰等

（4）饮食：主食、副食、菜肴

（5）农工百艺：农具、手工艺、商业、其他行业

（6）日常活动：起居、娱乐、信奉

（7）婚育丧葬：婚事、生育、丧葬

（8）节日：春节、清明节、浴佛节、哪吒诞、中秋节、其他节日

（9）说唱表演：口彩禁忌、博彩语、俗语谚语、歌谣、曲艺戏剧、故事

（四）体例

（1）每个大类，先对本类方言文化现象做一个概括性的介绍。

（2）每个条目均包括图片、方言词、正文三部分，第九章只有方言条目和正文。

（3）各图单独、连续编号，例如"1-25"，短横前面的数字表示大类，短横后面的数字是该大类内部图片的顺序号。图号后面注拍摄地点。如拍摄地点在澳门半岛，一般为街道名，如在氹仔、路环等地区，则为"地区街道名"或"地区村名"。图号和地名之间用"◆"隔开，例如"1-1◆烂鬼楼巷""1-2◆罗理基博士大马路""1-56◆路环九澳"。

（4）在图下写该图的方言词及其国际音标。如是一图多词，各词之间用"｜"隔开，例如：砂盆 [ʃa^{55}pʰun^{21}]｜擂浆棍 [løy^{21}tʃœŋ^{55}kuɐn^{21}]。

（5）正文中出现的方言词用引号标出，并在一节里首次出现时注国际音标，对方言词的注释用小字随文夹注；在一节里除首次出现时外，只加引号，不注音释义。为便于阅读，一些跟普通话相同或相近的方言词，在同一节里除首次出现时外，不再加引号。

（6）同音字在字的右上角加等号"="表示，例如：箭= [tʃin^{33}]垫子。无同音字可写的音节用方框"□"表示，例如：□巷 [laŋ^{55}hɔŋ^{22}]巷子。

（7）方言词记实际读音，如有变调现象，一律按连读音记，例如：赏月 [ʃœŋ^{35}yt^{35}]（"月"单字音 [yt^2]）。

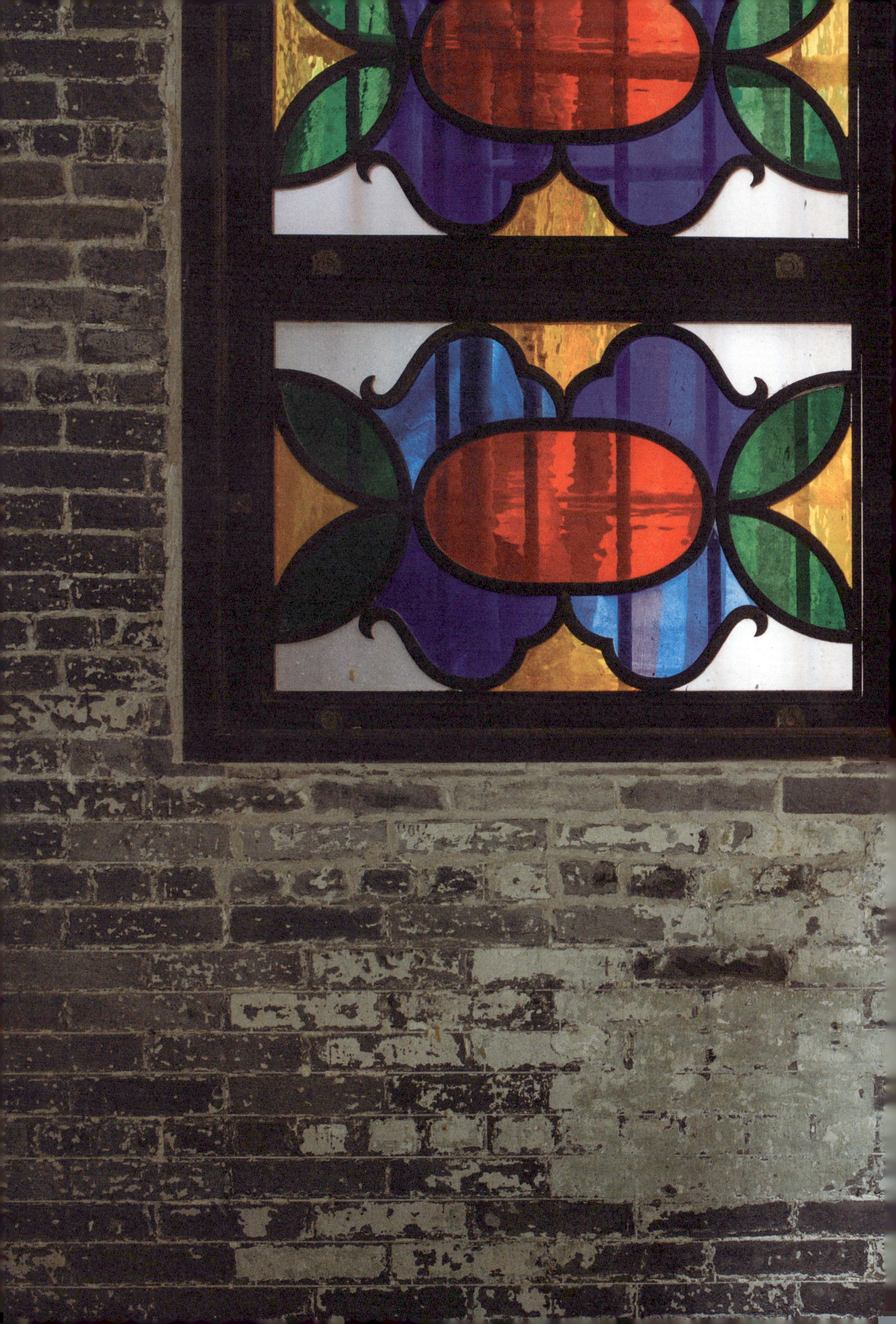

壹·房屋建筑

澳门房屋建筑最大的特色为中西合璧，古旧与繁华并存。中式房屋多集中在澳门半岛下环、望厦、内港、风顺堂、福隆新街一带，此外在氹仔、路环等区域也保留着传统建筑的聚居区。中式房屋与岭南民居风格相似，其聚居区自成一体，保留着旧式的建筑格局，常以"巷""里""围"命名，房屋之间的距离紧凑，与现代都市的繁华形成鲜明对照。

传统的中式民居为联排式的屋子，呈长方形，两侧常与其他住宅相连，一般以两层居多，坡状房顶，外墙以白色、淡黄色、淡绿色居多，与葡萄牙式的建筑有相似之处。最有岭南特色的当属所谓的"门口三件头"[mun²¹heu³⁵ʃam⁵⁵kin²²tʰeu²¹]，包括"矮

门"[ŋei³⁵mun²¹]、"赹栊"[tʰoŋ³³loŋ³⁵]和木板门,多为红色或棕红色。在老商业区仍保留着带骑楼的民居,有的走廊呈曲尺状,称为"走马骑楼"[tʃɐu³⁵ma³⁵kʰɛ²¹lɐu³⁵],现代楼宇大厦也会借鉴骑楼风格的建筑样式。中式房屋里还有院落式建筑,一般为过去的大户人家居住,称为"大屋"[tai²²ŋok⁵]。"大屋"的主体布局为传统的多进式结构,但房屋局部和装饰方面,融合着西式建筑的风采。

部分传统民居里还保留有老式的厕所、地窖、井等,但大部分已废弃不用;由于农业生产不发达,现在很少能见到自家盖房子的场景,也难觅畜圈、家禽的窝棚、粮仓、碓坊、磨坊等建筑样式。

一住宅

1-1◆烂鬼楼巷

屋 [ŋok⁵]

澳门的传统民居（见图1-1）通常为白色、黄色的外墙，两层高，下层为门，上层为窗。进门后为客厅、厨房、厕所，二层为卧室。有的二层上方还另辟"阁仔"[kɔk³tʃɐi³⁵]阁楼，一层下方还有"地牢"[tei²²lou²²]地库，（见图1-60）用于储物。

随着现代生活的发展，人们往高层大厦里搬迁，城区住宅密集，鳞次栉比（见图1-2）。许多传统的"屋"已废弃不用，如路环中式住宅聚落已基本成为空宅，成为游人的观光景点。

澳门现在仍保存着葡萄牙式的住宅。（见图1-3）葡式建筑的特点为平屋顶，入口有三角形门楣，进门后为前厅，厅内有楼梯通往二楼的起居室，外墙以白色、浅绿色、浅黄色、粉色居多，素雅恬淡。窗体多为四边石框或百叶窗，门窗略凸出墙面，窗框是白色的。现在基本无人居住，成为观光景点。葡萄牙式的房屋建筑没有专称，有时会根据其外墙颜色取昵称，如澳门政府社会工作办公楼的外墙是蓝色的，人们称其为"蓝屋仔"[lam²¹ŋok⁵tʃɐi³⁵]；澳门政府社会保障基金办公楼的外墙是黄色的，人们称其为"黄屋仔"[uɔŋ²¹ŋok⁵tʃɐi³⁵]。

1-3◆氹仔龙环葡韵

1-4 ◆大堂巷

大屋 [tai²²ŋok⁵]

　　"大屋"是指晚清时期留下来的岭南建筑风格的砖瓦结构民居。墙体以青砖为主要原料，外墙有时会涂上白色的石灰，为三进上下两层格局，分为门厅、茶厅和客厅，进和进之间有天井，气势恢宏。大屋的屋顶、梁架结构、建筑材料、彩绘雕塑等为中式建筑，而天花板、门

1-5 ◆龙头左巷

楣窗楣等则借鉴了西式风格，中西合璧，相得益彰。
　　澳门最为出名的为"郑家大屋"[tʃeŋ²² ka⁵⁵tai²²ŋok⁵]郑观应的旧宅（见图1-5）和"卢家大屋"[lou²¹ka⁵⁵tai²²ŋok⁵]卢华邵的旧宅。（见图1-4）其中郑家大屋由两座四合院式的建筑组成，并以内院相连，显得更为大气。现在已没有人在大屋中居住。

1-7 ◆关前街

木屋 [mok²ŋok⁵]

"木屋"指内部结构（如楼梯、屋顶框架等）为木结构搭建的房子。图 1-6 中红色的房子为木屋，图 1-7 为木屋屋顶，为木结构搭建的。

1-6 ◆关前街

1-8 ◆ 氹仔官也街

鉎铁屋 [ʃeŋ⁵⁵tʰit³ŋok⁵]

"鉎铁屋"指铁皮铸造的简易房屋。现在还有些居民居住于此。

厨房 [tʃʰøy²¹foŋ³⁵]

"厨房"也可说为 [tʃʰy²¹foŋ³⁵]。图 1-9 为传统的厨房样式,现在厨房里都用煤气,几乎找不着仍用灶的厨房了。但现在厨房仍设有灶君神位,称为"灶君老爷" [tʃou³³kuɐn⁵⁵lou³⁵iɛ²¹]。(见图 1-10)

1-9 ◆ 澳门博物馆

1-10 ◆ 关前街

1-11 ◆路环

屋顶 [ŋok⁵tɛŋ³⁵]

"屋顶"为统称，包括屋脊。三角形的屋顶也称为"金字顶"[kɐm⁵⁵tʃi²²tɛŋ³⁵]。（见图 1-11）

瓦片 [ŋa³⁵pʰin³⁵]

"屋顶"一般都由"瓦片"搭建而成。瓦片多是用泥烧制而成的，但也有其他材质制成的瓦片。（见图 1-13）

1-12 ◆妈阁庙

1-13 ◆关前街

1-14 ◆普济禅院

琉璃瓦 [lɐu²¹lei²¹ŋa³⁵]

用琉璃制成的瓦，做工精美，装饰性强，多见于大屋、寺庙等较为大型的建筑中。

树皮墙 [ʃy²²pʰei²¹tʃʰœŋ²¹]

这种墙体非常少见。图 1-15 应是在水泥墙外铺设了树皮，作为装饰用的。

1-15 ◆九澳

1-16◆澳门半岛

砖墙 [tʃyŋ⁵⁵tʃʰœŋ²¹]

　　"砖墙"是最常见的一种墙体,有些用石灰粉刷成白色、黄色等其他颜色,有些房子在砖墙上又用铁皮做成外墙,多出一间屋子使用,很有特点。(见图1-16)由于砖体的颜色是灰色的,因此也称为"灰砖墙" [fui⁵⁵tʃyŋ⁵⁵tʃʰœŋ²¹](见图1-17)。

石墙 [ʃɛk²tʃʰœŋ²¹]

　　用石头搭建而成的墙体,一般用作围墙。有些房子建在地势较高的地方,故依照地势和原材料建成围墙。

1-18◆亚婆井斜巷

1-19◆长楼斜巷

1-17♦郑家大屋

纸皮石墙 [tʃi³⁵pʰei²¹ʃɛk²tʃʰœŋ²¹]

"纸皮石"即马赛克，当地有不少建筑物的外墙是用此材质铺设而成的，如图1-20中绿色的墙体。

石米墙 [ʃɛk²mei³⁵tʃʰœŋ²¹]

"石米"是将石头碾压成米粒大小的材质，一般用于铺设围墙墙体。

1-20♦罗宪新街

1-21♦圣安东尼教堂

澳门 壹·房屋建筑

骑楼 [kʰɛ²¹leu³⁵]

  骑楼原指楼房向外伸出的部分,现用于统称一种跨在街道上的商住两用建筑,多为二层或三层,现也有高层的。由于二层以上有一个呈突出状的平台,用立柱支撑,仿佛骑跨在人行道上,故名曰"骑楼"。骑楼一层是店铺,二层以上是住宅,突出的平台所形成的檐廊可起避雨遮阳之用。与一般传统民宅的格局相同(参见图1-1),澳门的骑楼多为联排式的。

  "骑"字的韵母读 [ɛ],比较特殊。同一韵摄的字多读 [ei] 韵,如:奇 kʰei²¹ | 徛 站立 kʰei³⁵。

1-22♦沙梨头海边街

骑楼仔 [kʰɛ²¹lɐu³⁵tʃɐi³⁵]

"骑楼仔"指面积较小的骑楼。

1-23♦营地大街

澳门 壹·房屋建筑

27

1-24◆河边新街

走马骑楼 [tʃeu³⁵ma³⁵kʰɛ²¹leu³⁵]

"走马骑楼"指连成一体、互为相通的一组较长的骑楼，拐弯处呈曲尺状，可以通行。现代住宅也有采用走马骑楼样式来修建的。

门 [mun²¹]

过去传统民居从外到里有三道门：（见图1-25）矮门 [ŋei³⁵mun²¹]、趟栊（见图1-27、1-28）、大门；有些只有矮门和趟栊，（见图1-26）或只有大门（见图1-29、1-30）。当地天气炎热，湿度较大，过去通常打开大门，关上趟栊和矮门。矮门可保护主人家里的隐私，也可阻挡猫、狗、鸡、鸭等牲畜进入屋内。

1-25◆福隆新街　　　1-26◆路环计单奴街

1-29 ◆路环计单奴街

1-30 ◆路环十月初五街

大门 [tai²²mun²¹]

有些民居只有一扇大门，过去多为双扇门的，材质既有木制的（见图1-29），也有铁制的（见图1-30）。

趟栊 [tʰɔŋ³³lɔŋ³⁵]

趟栊是一种栅栏式的木门或铁门，可左右推拉，有通风、采光、防盗之用。

1-27 ◆龙头左巷

1-28 ◆福隆新街

澳门 壹·房屋建筑

1-32◆聚龙社　　　　　　　　　　　　　　　1-31◆普济禅院

月门 [yt²mun²¹]

"月门"指院子入口处圆形或半圆形的门。有些只是一个入口（见图1-33），有些装了铁门（见图1-31），有些在铁门外面还有木门（见图1-32），形式多样。

1-33◆郑家大屋

门墩 [mun²¹ten³⁵]

民宅门口一般都没有门墩，现仅在少数寺庙或商铺门口能见到门墩。

1-34 ◆ 普济禅院

木窗 [mok²tʃʰœŋ⁵⁵]

"木窗"指窗扇或窗框为木制的窗。图1-35的窗是传统民居常见的样式，分为上下两层，天气炎热时全部打开，可增加通风性。

1-35 ◆ 关前街

1-36 ◆ 郑家大屋

澳门 壹·房屋建筑

1-37 ◆郑家大屋

百叶木窗 [pak³ip²mok²tʃʰœŋ⁵⁵]

"百叶木窗"指窗扇做成百叶式的木窗。

海月窗 [hɔi³⁵yt²tʃʰœŋ⁵⁵]

"海月"是一种蛤类动物,"海月窗"的窗扇框架为木制的,上面有雕花,非常精美,镂空处用海月的壳填充。除了美观以外,还可起遮光之用。

钢窗 [kɔŋ³³tʃʰœŋ⁵⁵]

"钢窗"指窗体结构为钢制的窗。此处"钢"读阴去,符合《广韵》"古浪切"。

1-38 ◆福隆新街

1-39 ◆沙梨头街

1-40 ◆德成按

1-41 ◆郑家大屋

窗 [tʃʰœŋ⁵⁵]

　　过去的典当行有一种特殊的窗，里大外小，窗扇为钢铁铸成的，可起防盗、防窥视的作用。但这种窗没有专称，故此处统称为"窗"。

□窗 [iaŋ³³tʃʰœŋ⁵⁵]

　　□ [iaŋ³³]，义为"支撑""踢踹"，"□ [iaŋ³³]窗"为支摘窗。

窗花 [tʃʰœŋ⁵⁵fa⁵⁵]

　　"窗花"指墙体上或窗体中用砖、铁等材质构成的花案，主要起防盗、美观之用。

天井 [tʰin⁵⁵ tʃɛŋ³⁵]

两进房屋之间设一个"天井",以便雨水下泄,同时利于采光。

1-43 ◆卢家大屋

1-44 ◆郑家大屋

地堂 [tei²²tɔŋ²²]

天井正对的地面部分叫作"地堂",一般用青石板铺成。

花园 [fa⁵⁵yn³⁵]

"花园"泛指院子,此处"园"读变调 [35]。无论院子是否栽种植物都称"花园"。一般民居里没有院子,"大屋"(见图 1-4、1-5)才有。

1-45 ◆郑家大屋

里 [lei^{35}]

"里"通常是居民聚居的通道,与"巷"似乎没什么区别。澳门有许多以"里"命名的街道,如"福荣里""元亨里""盐里""快艇头里""玫瑰里""担杆里""匙羹里"。在有些路牌上,"巷"与"里"能同时出现。(见图1-46)

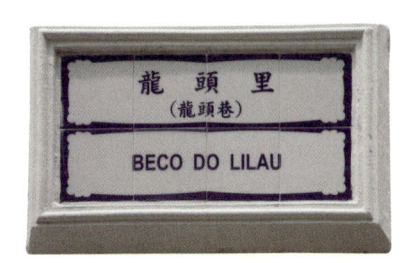

1-46◆龙头里

1-47◆福荣里

1-48◆福荣里

1-49◆南巫围

1-50◆日头围

围 [uɐi²¹]

  "围"是几户或十几户人家组成的一片生活区域，大多数有入口无出口。澳门有许多以"围"命名的地名，如"南巫围""银针围""肥胖围""连安围""太和围""鸡公围""肥力喇亚美打围"。不过，在澳门人的观念里，"围"与"巷""里"的区别似乎不大，体现在不少地名上出现"围"与"里"又说的现象，如"日头围"也称为"日头里"，（见图1-50）少数"巷"与"围"形成又称，如"木匠巷"又叫作"木匠围"，"公仔巷"又叫作"公仔围"。

□巷 [laŋ⁵⁵hɔŋ²²]

  巷子。也称为"巷"[hɔŋ²²]，是比"街"[kai⁵⁵]小的通道。有坡度的巷子称为"斜巷"[tʃʰɛ²¹hɔŋ²²]。（见图1-52）过去的"巷"或"里"[lei³⁵]多用大块石头或青石板铺成，当地人称之为"麻石路"[ma²¹ʃɛk²lou²²]（见图1-52）或"石板路"[ʃɛk²pan³⁵lou²²]（见图1-48）。

  由于占地面积小，楼房密度大，澳门的各种建筑之间的巷子纵横交错，很多街道名都是以"巷"命名的，如："大缆巷""商人巷""叉巷""胡琴巷""风景巷""乐上巷""宝塔巷""挣匠巷""亚婆井斜巷""妈阁斜巷""长楼斜巷"。

1-52◆亚婆井斜巷

水巷 [ʃøy³⁵hɔŋ²²]

"水巷"指两座房子之间的用于排水的巷子。排水的管道称为"去水渠"[høy³³ʃøy³⁵kʰøy²¹],过去多是用泥土烧成的,外形以竹子状的居多。

1-53 ◆路环

葡国石仔路 [pʰou³³kɔk³ʃɛk²tʃɐi³⁵lou²²]

"葡国石仔路"是具有葡萄牙风格的石头路,现在是澳门很有特色的建筑类型,也是重要的景观之一。与澳门地处入海口的地理位置有关,"葡国石仔路"的图案多与大海或大海里的生物有关。

1-54♦路环

村 [tʃʰyn⁵⁵]

　　澳门基本上已没有农村,也没有农业生活。由于地理位置较为偏僻,现在只有路环的少数村落还保留着些许农村生活的色彩,但常住村民的数量也在逐渐减少。其中,九澳村的当地村民以说客家话的居多,与澳门其他地区以说粤语为主的情况有所不同。图 1-55 至 56 为九澳村的民居。路环其他大部分地区已是一派城镇风貌。(见图 1-54)

1-55♦路环九澳

1-56♦路环九澳

澳门　壹·房屋建筑

41

二 其他建筑

1-57 ◆普济禅院

井 [tʃeŋ³⁵]

"井"是过去人们生活的必要设施，现在随着自来水的普及，大部分的水井已弃用。过去还有"泵水井"[pom⁵⁵ʃøy³⁵tʃeŋ³⁵]，指依靠人力的压、踩上水的井。

屎坑 [ʃi³⁵haŋ⁵⁵]

在现在保留下来的传统民居里，户内都有独立的房间作为厕所，一般和厨房相邻，除了解手之外，还承担冲澡、洗衣服的功能。图 1-59 为"□厠"[mɐu⁵⁵tʃʰi³³]，即"蹲厠"，除此之外，以马桶作为便池的称为"坐厠"[tsɔ²²tʃʰi³³]，是较为现代的厕所样式。

过去没有独立的厕所时，用带盖的木桶盛放粪便，叫作"屎塔"[ʃi³⁵tʰap³]，将粪便讳称为"夜香"[iɛ²²hœŋ⁵⁵]，每天早上会有专人来收集粪便，叫作"收夜香"[ʃɐu⁵⁵iɛ²²hœŋ⁵⁵]，对于主人家而言，称之为"倒塔"[tou³⁵tʰap³]、"倒夜香"[tou³⁵iɛ²²hœŋ⁵⁵]。

1-59 ◆华士围

1-58 ◆ 亚婆井斜巷

亚婆井 [a³³pʰɔ²¹tʃeŋ³⁵]

"亚婆"即为"阿婆"。传说明代时有一位老婆婆在此筑水池贮存山泉以方便居民汲取饮用，故而得名"亚婆井"。亚婆井为长方形，洞口朝横向延伸，与一般的水井样式不同，现在仍供周边居民使用。

"亚婆井"也用作地名，如"亚婆井前地""亚婆井斜巷"，亚婆井前地是过去葡萄牙人聚居地之一，现在作为澳门历史城区的一部分，被列入世界文化遗产名录内。"亚婆井"位于亚婆井斜巷尽头的高处。

地牢 [tei²²lou²²]

"地牢"也可称为"地库"[tei²²fu³³]，即在房子一层下方修一个地下室，用于储存杂物。

1-60 ◆ 关前街

1-61◆普济禅院

亭 [tʰeŋ²¹]

"亭"多修建于寺庙、公园等休闲娱乐场合里,内设桌椅板凳,供人休息、避雨、聊天、下棋、唱戏,是一种公益性建筑。

八角亭 [pat³kɔk³tʰeŋ²¹]

"八角亭"并非亭子,其正名为"澳门中华总商会附设阅书报室",是澳门最早对外开放的中文图书馆,亦是现存历史最悠久的中文图书馆之一,因其与八角形状相似而得名。现为澳门著名的观光景点之一。

1-62◆嘉思栏花园

碑亭 [pei⁵⁵tʰeŋ²¹]

"碑亭"内设石碑，碑文通常记录着一个较为重要的事件，具有纪念性质。如图 1-63 的碑亭记录了中美第一个不平等条约——《望厦条约》的签署历史。

1-63 ◆普济禅院

牌坊 [pʰai²¹fɔŋ⁵⁵]

一些寺庙里建有牌坊。如图 1-64 为普济禅院内的牌坊。

1-64 ◆普济禅院

1-66 ◆ 大三巴

大三巴牌坊 [tai²²ʃam⁵⁵pa⁵⁵pʰai²¹fɔŋ⁵⁵]

　　"大三巴牌坊"是原圣保禄教堂前壁的遗址,"大三巴"为"圣保禄"的音译,由于遗址与牌坊形状相似,故而得名,由遗址仍可窥见当年教堂的宏伟气势。大三巴牌坊现已成为澳门最具代表性的地标建筑,是中外游人访澳时必去的景观。

1-65 ◆ 大三巴

1-68 ◆ 东望洋灯塔

松山灯塔 [tʃʰoŋ²¹ʃan⁵⁵teŋ⁵⁵tʰap³]

"松山灯塔"位于东望洋山山顶，故也称"东望洋灯塔"[toŋ⁵⁵mɔŋ²²iœŋ²¹teŋ⁵⁵tʰap³]。东望洋灯塔始建于1864年，据说是中国沿海地区最早出现的现代灯塔之一。塔身为圆柱形，以白色为主，带有鹅黄色的线条点缀。灯塔旁坐落着圣母雪地殿教堂，具有鲜明的葡式建筑特色。

1-67 ◆ 东望洋灯塔

1-70◆妈阁斜巷

水师厂 [søy³⁵ʃi⁵⁵tʃʰɔŋ³⁵]

　　"水师厂"为现在澳门港务局大楼的旧称,由于曾由印度在澳的士兵驻守,过去也叫作"摩罗兵营"[mɔ⁵⁵lɔ⁵⁵peŋ⁵⁵ieŋ²¹],现在多称为"港务局"[kɔŋ³⁵mou²²kok²]。澳门的欧式建筑虽多,但"水师厂"以其设计受阿拉伯的建筑风格影响而享有盛名,尤其体现在其外墙、柱、回廊、穹顶的设计样式上。

大炮台 [tai²²pʰau³³tʰɔi²¹]

　　"大炮台"坐落在"大三巴牌坊"(见图1-65)北侧,是澳门规模最大、历史最古老的炮台之一,其四周均设置有铜质古炮,气势恢宏,现已失去军事作用。

1-69◆大炮台

1-72◆路环黑沙

桥 [kʰiu²¹]

　　澳门最为有名的桥是连接澳门半岛与氹仔之间的三座跨海大桥，按其通车时间早晚，分别为"旧桥"[kɐu²²kʰiu²¹]澳氹大桥（见图1-71观光塔左侧大桥）、"友谊大桥"[iɐu³⁵i²²tai²²kʰiu²¹]新澳氹大桥（见图1-71观光塔左侧最远处的大桥）、"西湾大桥"[ʃɐi⁵⁵uan⁵⁵tai²²kʰiu²¹]（见图1-71观光塔右侧的大桥）。

　　澳门传统的桥留存得很少，只有在路环的农村或码头能看到一些痕迹，但已经不承担主要通道的功能了。据发音人惠告，过去在港澳码头、新口岸等地均有用大块石基砌成的桥，称之为"长命桥"[tʃʰœŋ²¹mɐŋ²²kʰiu²¹]。长命桥桥形有些像田埂，桥身侧面呈斜坡状，中间较为狭窄，既可供行人步行，也可骑自行车穿越，许多渔民还可坐在桥上垂钓、捕鱼。此外，在澳门半岛有"木桥街"[mok²kʰiu²¹kai⁵⁵]，是因过去曾搭建有木制桥栈而得名，但现在也已看不到桥的踪迹，倒是路环的黑沙村还有个别桥栈遗存。（见图1-72）

1-71◆澳门半岛

澳门现在的炊具、卧具、桌椅板凳等与其他城市的差异不大。随着城市生活的发展，传统的日常用具已逐渐退出生活舞台，被现代化、工业化的制造品所代替。有些用具现在虽能找到实物，但也已不再使用或很少使用了，如"灶头"[tʃou³³tʰɐu²¹]灶、"火

贰·日常用具

钳"[fɔ³⁵kʰim²¹]、"纱柜"[ʃa⁵⁵kuɐi²²]、"面盆架"[min²²pʰun²¹ka³³]脸盆架、"火水灯"[fɔ³⁵ʃøy³⁵tɐŋ⁵⁵]煤油灯、"晾衫架"[lɔŋ²²ʃam⁵⁵ka³³]晾衣架等。

一 炊具

灶头 [tʃou³³tʰɐu²¹]

用砖头搭设的简易灶，烧柴火。现在家庭已经不用这样的简易灶，其多在郊外临时使用。

炭炉 [tʰan³³lou²¹]

"炭炉"指烧炭的炉子。现在家庭一般不用炭炉了，但街上经营小吃的摊档还在使用。

2-1 ◆路环黑沙

2-2 ◆营地大街

2-3 ◆连胜街

2-4 ◆关前街

铛 [tʃʰaŋ⁵⁵]

"铛"是做饭的锅的统称，也叫作"煲" [pou⁵⁵]。图2-3的锑锅叫作"锑铛" [tʰei⁵⁵ tʃʰaŋ⁵⁵] 或"锑煲" [tʰei⁵⁵pou⁵⁵]，另外传统的饭锅有用泥烧制而成的，称为"瓦铛" [ŋa³⁵tʃʰaŋ⁵⁵] 或"瓦煲" [ŋa³⁵pou⁵⁵]。

厨房里锅可统称为"沙煲罂铛" [ʃa⁵⁵pou⁵⁵ ŋaŋ⁵⁵tʃʰaŋ⁵⁵]。

茶煲 [tʃʰa²¹pou⁵⁵]

"茶煲"即药煲，用来煎制中草药。因避讳称"药"，故用"茶"作为讳称。

镬 [uɔk²]

"镬"是炒菜锅的统称。传统的炒菜锅是铁铸的，左右带耳。

蒸笼 [tʃeŋ⁵⁵loŋ²¹]

"蒸笼"常用于蒸制各种面制品和米制品。

2-5 ◆关前街

2-6 ◆安栈山货铺

2-7 ◆安栈山货铺

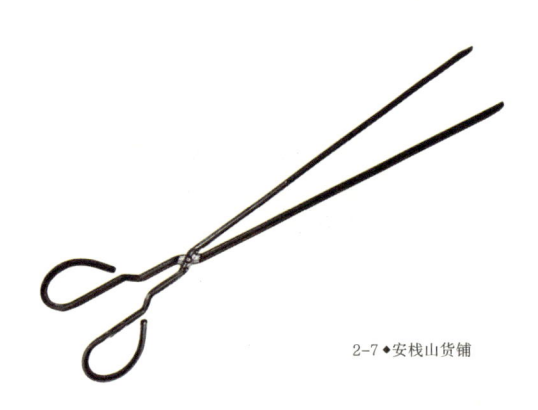

2-8 ◆氹仔澳门银河

火钳 [fɔ³⁵kʰim²¹]

  过去烧煤、烧柴时用来夹煤或夹柴的钳子。现在已经很少有家庭使用了。

葵扇 [kʰuɐi²¹ʃin³³]

  过去用"葵扇"来帮助生火，称为"拂火"[pʰut³fɔ³⁵]。"拂"为古敷母字，此处读存古的 [pʰ] 声母。

壳 [hɔk³]

  "壳"指舀水的瓢，也称为"水壳"[søy³⁵hɔk³]。图 2-9 的"壳"是金属锑制成的，被小吃店用来盛白粥，过去还有木制的、竹制的。而现在舀水的"壳"多为塑料制品。

2-9 ◆连胜街

2-10 ◆青草里

2-11 ◆安栈山货铺

扫仔 [ʃou³³tʃɐi³⁵]

"扫仔"指小扫把，用草编织而成。用于打扫灶台、茶几、柜子、车座等面积较小的地方。

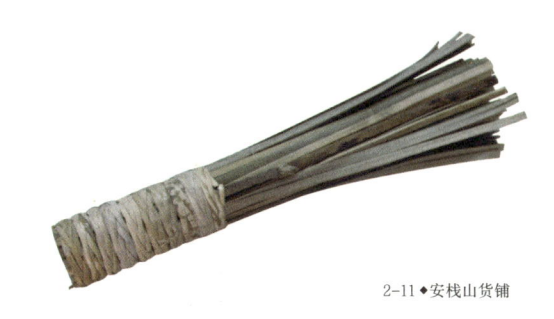

竹刷 [tʃok²tʃʰat³]

用较硬的篾条编制而成，一般用于刷锅。

饼印 [pɛŋ³⁵iɐn³³]

"饼印"也称为"模"[mou³⁵]，是制作糕点的模具。图2-12、2-13是不同形状的饼印。

澳门粤语用"饼印"来比喻两个人长相相似，例如，"你同渠一个饼印"，意思是"你和他长得很像"。

2-12 ◆氹仔澳门银河

2-13 ◆新马路

澳门 贰·日常用具

2-14 ◆青草里

砂盆 [ʃa⁵⁵pʰun²¹] | **擂浆棍** [løy²¹tʃœŋ⁵⁵kuɐn²¹]

"砂盆"指臼,"擂浆棍"指杵。俗语有"打烂砂盆问到督⁼ [tok⁵]","督⁼ [tok⁵]"指底部,即"打破砂锅问到底"。图2-14的砂盆是铜质的,用于研磨药材,并不是砂质陶瓷制成的。

瓦碗 [ŋa³⁵un³⁵]

"瓦碗"指瓷碗,一般用于盛米饭。图2-15的是最为常见的瓦碗样式之一,碗口边缘有蓝色花纹,碗的外壁为各种彩绘图案,内壁为米粒状的印花。

据发音人惠告,过去常见的博彩游戏里有"择⁼色仔" [tʃak²ʃek⁵tʃɐi³⁵] 掷色子,常把色子放到一个八角形的碗里抛甩,这个碗称为"八角碗" [pat³kɔk⁵un³⁵]。随着博彩游戏的电子化,现在已难以看到了。

砧板 [tʃɐm⁵⁵pan³⁵]

老式的砧板是圆形的,比现代的砧板厚,适合于砍、剁各种食材。

2-15 ◆侨乐巷

2-16 ◆水上街市

2-17◆关前街　　　　　　　　　　　　　　　　　　　2-18◆关前街

纱柜 [ʃa⁵⁵kuɐi²²]

"纱柜"是老式的碗柜，用于存放餐具、茶具。纱柜上有些隔层外有纱窗，可以保存剩菜、剩饭。（见图2-17）后经过改良，也有装玻璃推拉门取代纱窗的。（见图2-18）

兜 [tɐu⁵⁵]

"兜"指的是底部没有底托的容器，与"碗"的底部有底托儿（见图2-15）有所区别。图2-19的"兜"为塑胶材质的，常用于装硬币零钱，乞丐也会用它行乞，有时也称为"乞儿兜" [hɐtˀi⁵⁵tɐu⁵⁵]。

大的碗、兜，甚至是锅，都可以称为"窝" [uɔ⁵⁵]。"窝"可用作量词，如"一窝粥"。

2-19◆连胜街　　　　　　　　　　　　　　　　　　　2-20◆连胜街

澳门　贰·日常用具

二卧具

木床 [mok²tʃʰɔŋ²¹]

"木床"的床板一般是杉木制成,可分条拆卸下来(见图 2-21)。由于澳门天气炎热,过去夏天人们常拿拆下的床板到户外睡觉,称为"困街" [fen³³ kai⁵⁵]。

2-21 ◆ 关前街

伢伢床 [ŋa²¹ŋa⁵⁵tʃʰɔŋ²¹]

"伢伢"是婴儿的意思,也可称为"伢仔" [ŋa⁵⁵tsɐi³⁵],"伢伢床"也叫作"伢仔床" [ŋa⁵⁵tsɐi³⁵tʃʰɔŋ²¹]。现代的婴儿床与其他地区的无异,老式的婴儿床上方为椭圆形的竹篮,下方有架子托着,现在澳门博物馆中还可见到。

2-23 ◆ 康公庙

2-24 ◆水上街市

藤枕 [tʰeŋ²¹tʃɐm³⁵]

"藤枕"是用藤条编制而成的枕头。

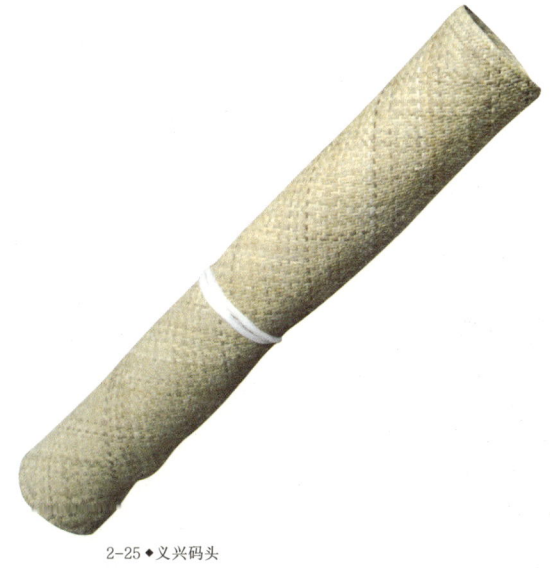

2-25 ◆义兴码头

竹席 [tʃok⁵tʃɛk²]

"竹席"是用竹子编制的席子。

竹床 [tʃok⁵tʃʰɔŋ²¹]

"竹床"是竹子制成的床。图 2-22 的床板可以折叠，白天作为沙发使用。

2-22 ◆义兴码头

三 桌椅板凳

2-26 ◆澳门博物馆

台 [tʰɔi²¹]

桌子的统称。图 2-26 为过去老百姓家里最常用的饭桌样式。

凳 [tɐŋ³³]

凳子的统称。图 2-27 为过去老百姓家里最常用的凳子，与饭桌（参见图 2-26）相配。

2-27 ◆澳门博物馆

2-29◆郑家大屋

圆台 [yn²¹tʰɔi²¹] | 圆凳 [yn²¹tɐŋ³³]

圆台和圆凳在当地很常见，材质多种多样，有木质的、石质的，也有木头与石头混合搭配制成的。图2-28是卢家大屋里的圆台和圆凳，款式别致，雕工精美；图2-29是郑家大屋所收的石质的圆台、圆凳，一般在户外使用。

2-28◆卢家大屋

2-30◆郑家大屋

四方台 [ʃei³³fɔŋ⁵⁵tʰɔi²¹] | 方凳 [fɔŋ⁵⁵teŋ³³]

"四方台"是四方形的桌子，一般搭配方凳使用。

挨□椅 [ŋai⁵⁵pʰɛŋ⁵⁵˙³⁵]

"挨□" [ŋai⁵⁵pʰɛŋ⁵⁵] 指靠背，"挨□椅" [ŋai⁵⁵pʰɛŋ⁵⁵˙³⁵] 是靠背椅的统称。

折椅 [tʃit³i³⁵]

"折椅"指可以折叠收起的椅子。

2-32◆沙梨头海边街

2-33◆莲溪新庙

2-31 ◆郑家大屋

案 [ŋɔn³³]

"案"是长条形的桌子，较为狭窄。

藤椅 [tʰen²¹i³⁵]

"藤椅"是用藤编织的椅子。

马闸⁼ [ma³⁵tʃap²]

"马闸⁼"是一种竹质的躺椅，但是不能前后摇晃。可以前后摇晃的椅子称为"摇摇椅"[iu²¹iu²¹i³⁵]。

2-34 ◆河边新街

2-35 ◆沙梨头海边街

2-36 ◆关前街

2-37 ◆十月初五街

凳仔 [teŋ³³tʃei³⁵]

"凳仔"指较小的凳子。图 2-36 的"凳仔"是用藤编织成的,是过去较为常见的凳子样式。

板凳 [pan³⁵teŋ³³]

"板凳"也叫作"斗凳" [teu³⁵teŋ³³],指长条形的凳子,过去老百姓家里都有板凳,现在随着椅子、凳子样式的多样化,反而用得较少了。

箭⁼ [tʃin³³]

"箭⁼"是垫子的统称,图 2-38 中拜神用的垫子、图 2-39 中椅子的坐垫都可以称为"箭⁼",又如,鞋垫称为"鞋箭⁼" [hai²¹tʃin³³](见图 3-16)。

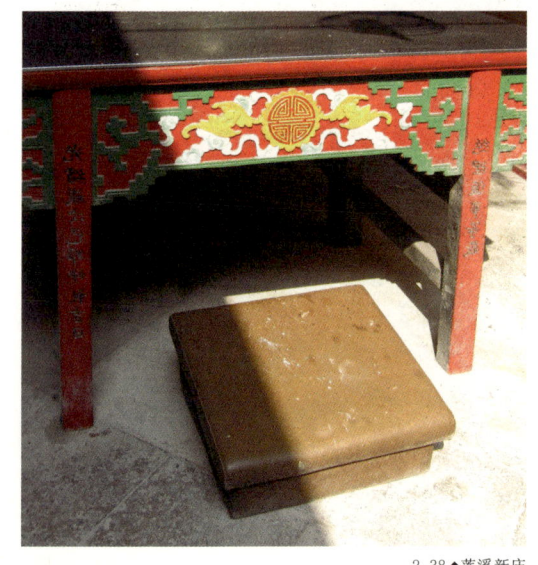

2-38 ◆莲溪新庙

2-39 ◆关前街

四 其他用具

火水灯 [fɔ³⁵ʃøy³⁵tɐŋ⁵⁵]

"火水"为煤油、汽油的统称,"火水灯"即过去家用的煤油灯。随着电灯的普及,现在基本上已不用了。

过去还有"汽灯"[hei³³tɐŋ⁵⁵],将煤油装入底座后朝底座打气(澳门粤语说"泵气"[pom⁵⁵hei³³]),把液体染料变成气体来照明。由于亮度很大,过去街边摆摊的小贩常用汽灯照明。

2-40◆关前街

2-41◆路环水泉公地

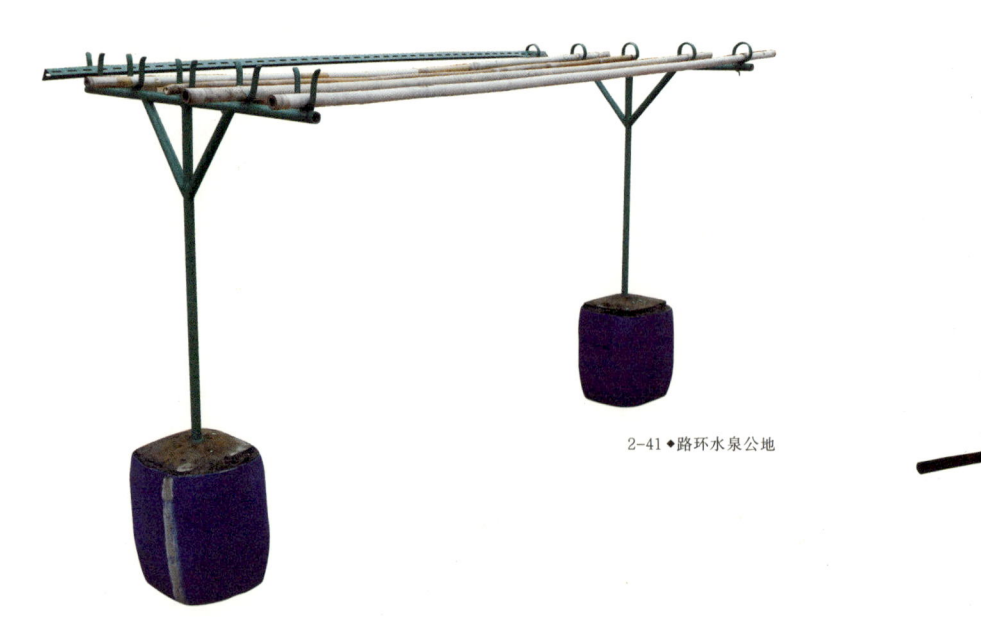

晾衫架 [lɔŋ²²ʃam⁵⁵ka³³]

"晾衫架"是晾晒衣服的架子。老式的架子是铁质的，成对儿，其中一个上方是半开口的圆环，（见图2-42）另一个是全封闭的圆环，（见图2-43）可将"衣裳竹" [i⁵⁵ʃœn²¹tʃok⁵]晒衣服的竹子架在上方使用。（见图2-41）而"衣裳竹"也称为"晾衫竹" [lɔŋ²²ʃam⁵⁵tʃok⁵]。过去为防止衣服被吹跑，常常将衣物穿过竹竿来晾。

2-42◆路环水泉公地

2-43◆路环水泉公地

丫杈 [ŋa⁵⁵tʃʰa⁵⁵]

"丫杈"用于往高处晾、收衣服，头部用铁制成，呈"丫"字形，杆身一般为竹子做的。现在基本上都是塑料制品了。

2-44◆莲溪新庙

面盆架 [min²²pʰun²¹ka³³]

"面盆"即为脸盆，"面盆架"过去是放置洗脸盆的架子，多为木质的，细高型，上方长方形的木板上有花案雕工，非常精美，还有钩子可以挂毛巾、镜子、梳子等物品；有些中间还有放置肥皂盒等洗涮用品的格子，放脸盆的架子下方有六个脚，立得很稳。现代家庭较少使用面盆架了，在一些寺庙、祠堂里还能看到。

"面盆"现在多为塑料的，与其他地方的无异。过去有木头的、铜的，富裕人家还用"烧青"[ʃiu⁵⁵tʃʰɛŋ⁵⁵]一种画珐琅的工艺的脸盆，但在现在的日常生活里已经很难见到了。

2-45◆路环天后古庙

2-46◆河边新街福德祠

2-47◆关前街

2-48◆青草里

瓮缸 [ŋoŋ³³kɔŋ⁵⁵]

"瓮缸"是"缸"的统称，一般指大水缸。

瓮 [ŋoŋ³³]

"瓮"指比较高、比较大的坛子。

扫把 [ʃou³³pa³⁵]

"扫把"为统称。根据其材质，还有不同的分称，见图 2-51 至图 2-53。

椰衣扫 [ʃɛ²¹i⁵⁵ʃou³³]

"椰衣扫"的扫把头是用椰子外皮做成的。

2-51◆青草里

2-52◆青草里

2-49◆大缆巷

2-50◆青草里

埕 [tʃʰeŋ²¹]

"埕"也叫作"罂"[ŋaŋ⁵⁵]，指不太高的坛子，有的带盖儿，可以腌制蔬果，也可泡酒。

扇 [ʃin³³]

"扇"是统称，老百姓用的扇子一般是圆弧形的扇叶，下面带把儿。图 2-50 的扇子是草编的，另外"葵扇"[kʰuɐi²¹ʃin³³]（见图 2-8）也很常见。除了用于生火以外，也用于扇风驱热，遮阳避暑。夏天走在澳门街头，能看到一些中老年人仍手持图 2-50 般传统样式的扇子。

除了扇风以外，有些扇子还有装饰或充当舞蹈道具的作用。如"折扇"[tʃit³ʃin³³]、"羽毛扇"[y³⁵mou²¹ʃin³³]，等等。

竹扫 [tʃok⁵ʃou³³]

"竹扫"是用竹子编制的扫把。

鸡毛扫 [kɐi⁵⁵mou²¹ʃou³³]

"鸡毛扫"即鸡毛掸子。

2-53◆普济禅院

2-54◆青草里

2-55◆关前街

2-57◆普济禅院

笼 [loŋ³⁵]

"笼"比柜子矮，比一般的箱子大，是过去最常用的储物家具之一。从材质来说，最好的是"樟木笼"[tʃœŋ⁵⁵mok²loŋ³⁵]，结实防潮，还可防虫；此外还有"漆笼"[tʃʰet⁵loŋ³⁵]、"杉木笼"[tʃʰam³³mok²loŋ³⁵]等。

"笼"此处读同上声[35]，是变调。

2-56◆普济禅院

五桶柜 [m³⁵tʰoŋ³⁵kuɐi²²]

"五桶柜"指有五个抽屉的柜子，常置于卧室里放衣服。澳门粤语把抽屉叫作"柜桶"[kuɐi²²tʰoŋ³⁵]，"五桶柜"的"桶"即为抽屉。

2-59 ◆ 关前街

倚身柜 [kʰei³⁵ʃɐn⁵⁵kuɐi²²]

"倚身柜"指较大的立柜，一般储藏衣物、被褥。"倚"为"站立"义。

2-58 ◆ 郑家大屋

2-60◆营地大街　　　　　　　　　　　　　　　2-61◆郑家大屋

篮 [lam²¹]

"篮"一般是竹子编成的（见图 2-60），也有漆器制成的，带盖儿，（见图 2-61）用于盛放食物或其他物品。澳门地处入海口，海鲜类食材很丰富，经腌制后可以久存。老百姓会把咸鱼等食物放在篮子里并悬挂在高处晒干或储存，可防止猫、狗等小动物偷吃（见图 2-62）。但此类篮子并无专称。

"蓝"有时读成 [lam³⁵]，声调为变调。

2-62◆关前街

2-63◆安栈山货铺

2-64◆郑家大屋

茶壶 [tsʰa²¹u³⁵]

不少家庭里仍保留有过去常用的中式茶壶，用于盛放凉开水。图 2-63 的茶壶在壶盖上方自制提手，同时用线将壶盖与壶身拴着，以防摔碎，设计很巧妙。

石磨 [ʃɛk²mɔ²²]

澳门现在已无磨坊。在郑家大屋、大三巴牌坊等景点，可以看到一些废弃不用的石磨遗迹。

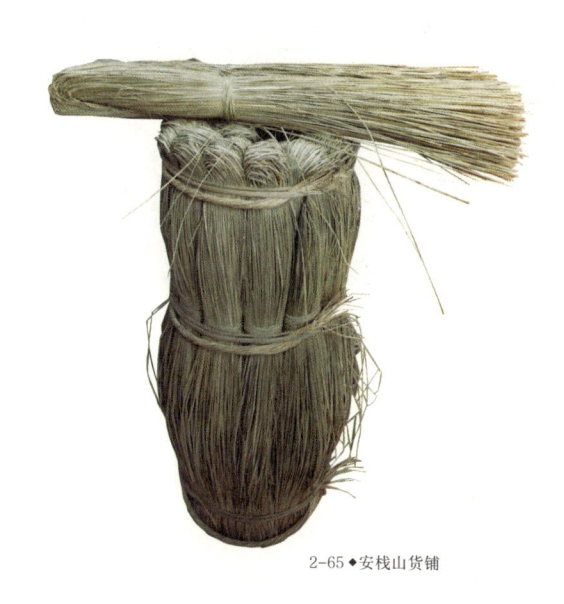

2-65◆安栈山货铺

2-66◆十月初五街

咸水草 [ham²¹ʃøy³⁵tsʰou³⁵]

用于捆绑菜、鱼等食物。

梯 [tʰei⁵⁵]

老式的梯子是用竹子制成的，有高的，也有矮的。图 2-66 是较矮的梯子。

与其他城市相比,如今澳门服饰已无明显特色。在服装方面,以"恤衫"[ʃøt⁵ʃam⁵⁵]衬衣、"过头口"[kɔ³³tʰeu²¹lep⁵]套头衫、"口衫"[laŋ⁵⁵ʃam⁵⁵]毛衣、"夹衣"[kap³i⁵⁵]含夹层的衣服、"棉衲"[min²¹lap²]棉衣、"水桶裙"[ʃøy³⁵tʰoŋ³⁵kʰuɐn⁵⁵]筒裙、"连衣裙"[lin²¹i⁵⁵kʰuɐn²¹]等样式较为常见,较有特色的是,中老年人喜欢穿经改良后的"唐装衫"[tʰɔŋ²¹tʃɔŋ⁵⁵ʃam⁵⁵],即传统的中式服装;渔民虽然已上岸生活,但在服装、首饰方面,仍有自己的特点。过去还有"口把⁼绒衫"[fai⁵⁵pa³⁵ioŋ³⁵ʃam⁵⁵],是一种经洗水后会变硬的料子做成的衣服,但现在也没有人穿了。

叁·服饰

　　澳门传统的鞋帽种类并不丰富,"木屐"[mok²kʰɛk²]、"草鞋"[tsʰou³⁵hai²¹]已几乎绝迹。清末曾在澳门成立"澳门不缠足会"来废除"扎脚"[tsat³kœk³]裹小脚的习俗,今天也很难见到相关现象了。此外,"毛巾"[mou²¹kɐn⁵⁵]统称,包括汗巾、"手巾仔"[sɐu³⁵kɐn⁵⁵tsɐi³⁵]手绢儿,也指小毛巾、"袋"[tɔi³⁵]统称,包括背包、提包等已为由机器统一加工制作的产品,没有太鲜明的特点。

一、衣裤

3-1 ◆康公庙

唐装衫 [tʰɔŋ²¹tʃɵŋ⁵⁵ʃam⁵⁵]

"唐装衫"指中式的传统服装的统称，指上衣和裤子，也可作为分称，专指上衣，此时配套的裤子称为"唐装裤"[tʰɔŋ²¹tʃɵŋ⁵⁵fu³³]。唐装衫的上衣多为对襟式的（见图3-1、3-3），因此也可称为"对襟衫"[tɵi³³kʰɐm⁵⁵ʃam⁵⁵]或"开胸衫"[hɔi⁵⁵hɵŋ⁵⁵ʃam⁵⁵]，也有在大襟衫的基础上改良而

棉衲 [min²¹lap²]

"棉衲"即棉衣，不少棉衣也是"唐装衫"（见图3-4）样式的。

3-4 ◆营地大街

3-2 ◆ 义兴码头　　　　　　　　　　　　　　　3-3 ◆ 义兴码头

成的套头式的，仅在锁骨处保留系扣的设计特点（见图 3-2）。老式的"唐装裤"一般是黑色或蓝色的，男裤在腰处用一条白布固定，叫作"裤头带"[fu³³tʰeu²¹tai³³]，并将裤头下翻遮住白布，女式的裤头一般配有腰带。现代唐装裤设计精美，女式唐装裤多与上衣配套。

背心 [pui³³ʃem⁵⁵] | 头巾 [tʰeu²¹ken⁵⁵]

"背心"一般不外穿，作为内衣打底。澳门人一般不扎头巾。但现代人出于装饰需要，有时也会扎头巾。

3-5 ◆ 关前街

孖烟通 [ma⁵⁵in⁵⁵tʰoŋ⁵⁵]

"孖烟通"是男士内穿的平脚短裤,"孖"义为成双的,"烟通"即烟囱,可能是这种款式裤管与烟囱相像而得名。

内裤的统称为"底裤"[tei³⁵fu³³],"孖烟通"也是"底裤"的一种。

3-6 ◆ 三盏灯

围裙 [uei²¹kʰuɐn²¹]

传统的围裙多为蓝粗布做成,有长短两种,短的只系在腰间,(见图 3-7)长的是套头的。(见图 3-8)

3-7 ◆ 连胜街

3-8 ◆ 水上街市

二 鞋帽

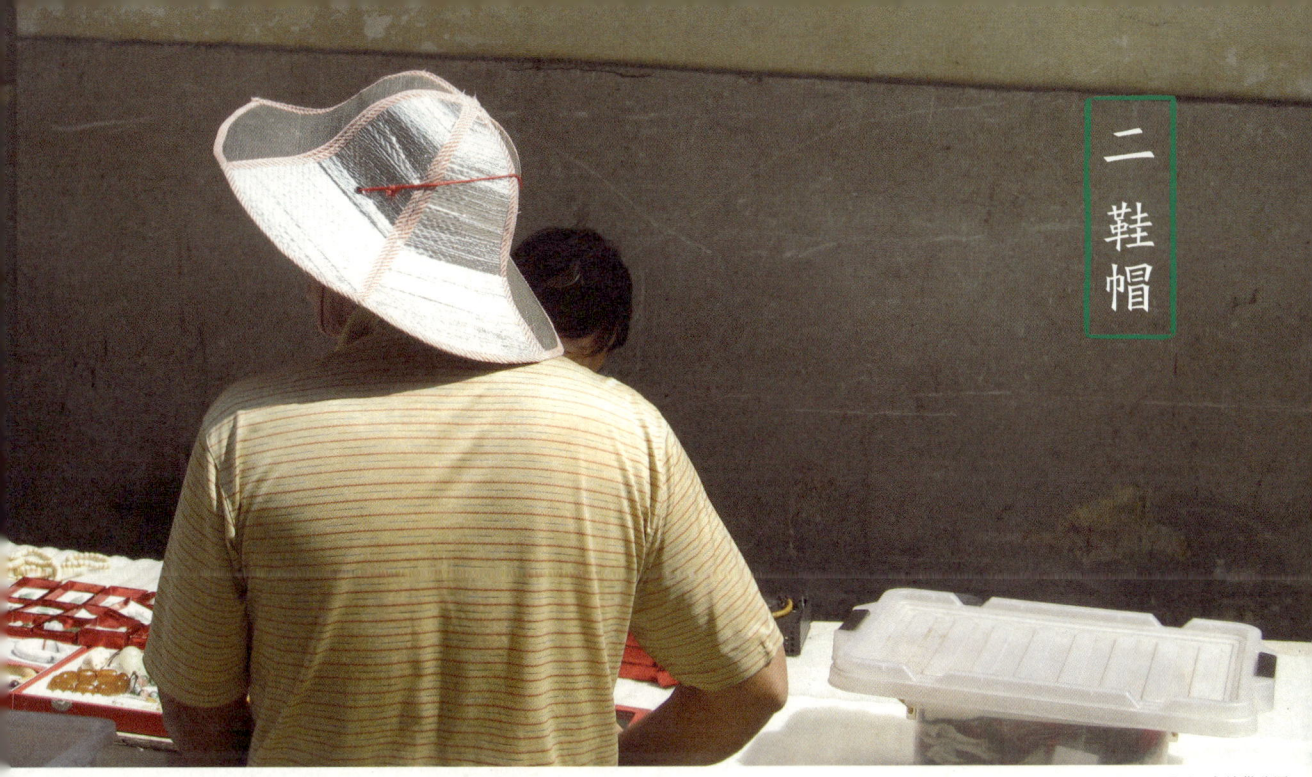

3-9 ◆白鸽巢公园

帽 [mou^{35}]

"帽"为帽子的统称,一般读同上声 [35] 调。

草帽 [tʃʰou^{35}mou^{35}]

澳门的气候炎热,草帽的遮阳效果很好,现在仍在使用。但由于款式较为保守,一般从事户外工作的人才常戴草帽。

竹帽 [tʃok^{5}mou^{35}]

"竹帽"为用竹子编织而成的帽子,造型多样。除了遮阳以外,还可以充当雨具。因此有时也称为"雨帽" [y^{35}mou^{35}]。

3-10 ◆莲溪新庙

3-11 ◆贾伯乐提督街

澳门 叁·服饰

79

3-12♦白鸽巢前地

绊带鞋 [pun³³tai³³hai²¹]

鞋面上配着带子可以系着固定的鞋称为"绊带鞋"。

功夫鞋 [koŋ⁵⁵fu⁵⁵hai²¹]

"功夫鞋"指传统中式的男装布鞋，由于早期多为练武的人穿，故而得名。

3-13♦竹林寺

白饭鱼 [pak²fan²²y³⁵]

"白饭鱼"原是当地海产常见的一种鱼。现把外形相似,白色帆布面、薄胶底的布鞋也称为"白饭鱼",多为系鞋带的,现在也有不系鞋带的。

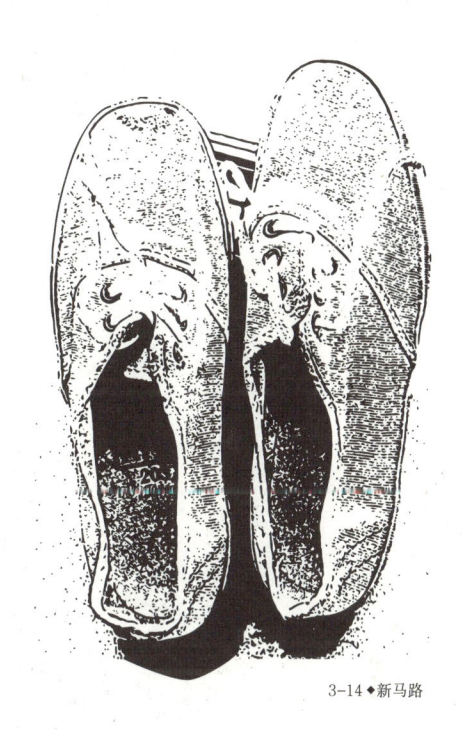

3-14 ◆新马路

水鞋 [søy³⁵hai²¹]

"水鞋"为雨鞋,一般是塑胶制成的。水鞋的靴筒有长有短,既有到小腿上方、膝盖附近的长筒式,也有刚刚没过脚踝的短筒式。

鞋箭⁼ [hai²¹tʃin³³]

"鞋箭⁼"为鞋垫,"箭⁼"为垫子义(见图 2-38、2-39)。原来在关前街一带有手工制皮鞋的行业,图 3-16 为手工制的皮鞋鞋垫。

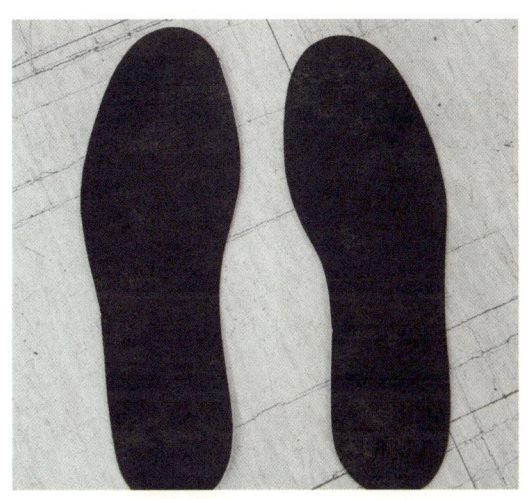

3-15 ◆连胜街

3-16 ◆义字街

三 首饰等

发夹 [fat³kɛp²]

"发夹"的样式多种多样,是女性必备的梳妆用品。此处"夹"读 [ɛp] 韵母,读音特殊。

3-17 ◆卢廉若公园

3-18 ◆三盏灯

3-19 ◆ 三盏灯

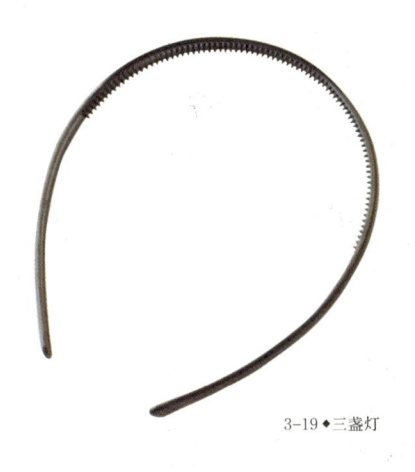

3-20 ◆ 三盏灯

头箍 [tʰeu²¹kʰu⁵⁵]

"头箍"是图 3-19 中的黑色发圈，用于卡住额前和两鬓的头发。此处"箍"读送气声母，符合《集韵》"空胡切"。

篦 [pei²²]

"篦"是齿儿比"梳"[ʃɔ⁵⁵] 更密的梳头用具，一般是木质的。

橡筋 [tʃœŋ²²kɐn⁵⁵]

"橡筋"又叫作"橡筋箍"[tʃœŋ²²kɐn⁵⁵kʰu⁵⁵]，"箍"读送气声母。

3-21 ◆ 三盏灯

耳环 [i³⁵uan³⁵]

"耳环"是耳饰的统称，除了圆环状的以外，（见图 3-22）还包括耳坠、耳钉。（见图 3-23）

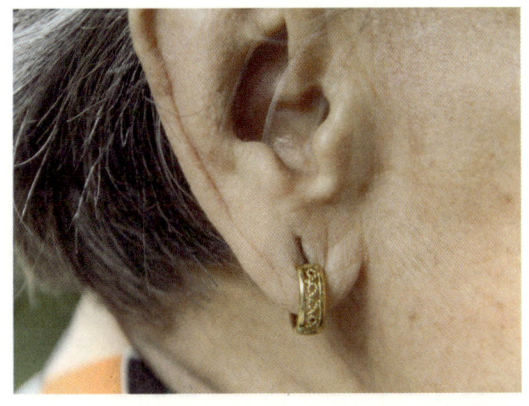

3-22 ◆ 卢廉若公园

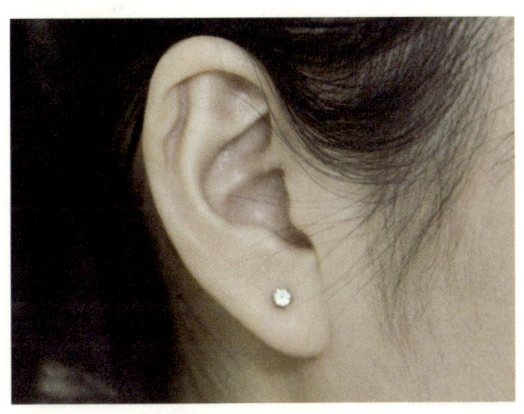

3-23 ◆ 侨乐巷

3-24 ◆白鸽巢公园

3-25 ◆新马路

□带 [mɛ⁵⁵tai³³]

"□" [mɛ⁵⁵]为"背负"义,"□带" [mɛ⁵⁵tai³³]是背婴儿的用具。过去多为后背式的（见图3-24），现在更为流行前背式（见图3-25）。

颈链 [kɛŋ³⁵lin³⁵]

"颈链"是项链统称，此处"链"读同上声 [35] 调。可依据其材质分称为"珠链" [tʃy⁵⁵lin³⁵] 用珠子串成的项链、（见图3-26）"金链" [kɐm⁵⁵lin³⁵] 金项链、"银链" [ŋɐn²¹lin³⁵] 银项链等。

玉鈪 [iok²ŋak³⁵] | 玉戒指 [iok²kai³³tʃi³⁵]

"玉鈪"都为环状物，样式主要区别在内圈是否磨平上。有些手镯内圈是圆柱形的（见图3-29），有些内圈已磨平，圈壁呈方形（见图3-27）。"玉戒指"是较为老式的戒指样式，现在戒指的指环多为金的或银的。

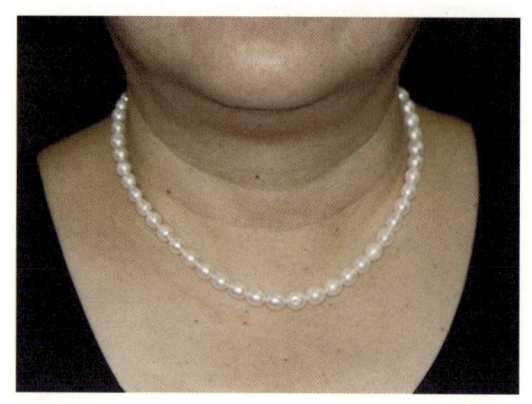

3-26 ◆侨乐巷

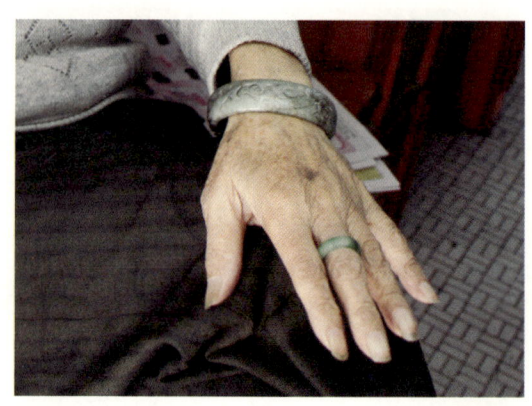

3-27 ◆十月初五街

浮芦仔 [pʰou²¹lu²¹tʃɐi³⁵]

"浮芦仔"又读为 [fu²¹lu²¹tʃɐi³⁵],为两个葫芦状的木制品,过去渔民给孩子挂在背上。由于葫芦能浮于水面,借此保佑孩子们与大海和平共存,不会被水淹着。现在已基本见不到这样的装饰物。

3-30◆澳门海事博物馆

手鈪 [ʃeu³⁵ŋak³⁵]

"手鈪"为手镯的统称,此处"鈪"读变调 [35]。根据其材质,可分称为"玉鈪" [iok²ŋak³⁵]玉镯(见图 3-29 较靠近手腕的镯子以及图 3-27)、"金鈪" [kɐm⁵⁵ŋak³⁵]金镯、"银鈪" [ŋɐn²¹ŋak³⁵]银镯(见图 3-28)和"铜鈪" [tʰoŋ²¹ŋak³⁵]铜镯(见图 3-29 较靠近袖子的镯子)等。

套在手臂、脚腕的环状物都可以称为"鈪"。如"臂鈪" [pei³³ŋak³⁵]臂镯、"脚鈪" [kœk³ŋak³⁵]脚镯等。

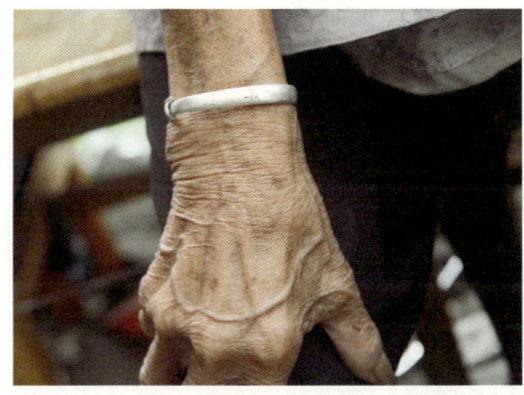

牛鼻圈 [ŋeu²¹pei²²hyn⁵⁵]

"牛鼻圈"是"银鈪"的一种,因与拴在牛鼻子上的圆环形状相似而得名。"牛鼻圈"多为"水上人家" [ʃøy³⁵ʃœŋ²²iɐn²¹ka⁵⁵]渔民佩戴。此外,渔民家的小孩还喜欢戴银质的"脚鈪"。

3-28◆水上街市

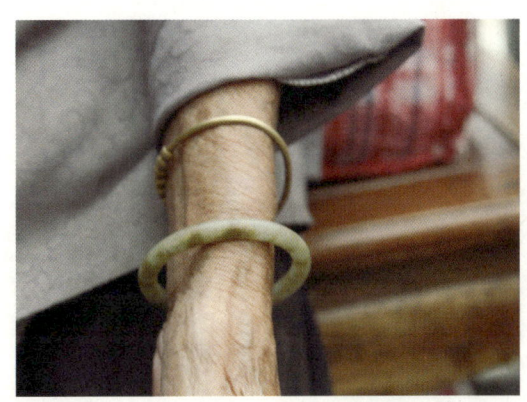

3-29◆水上街市

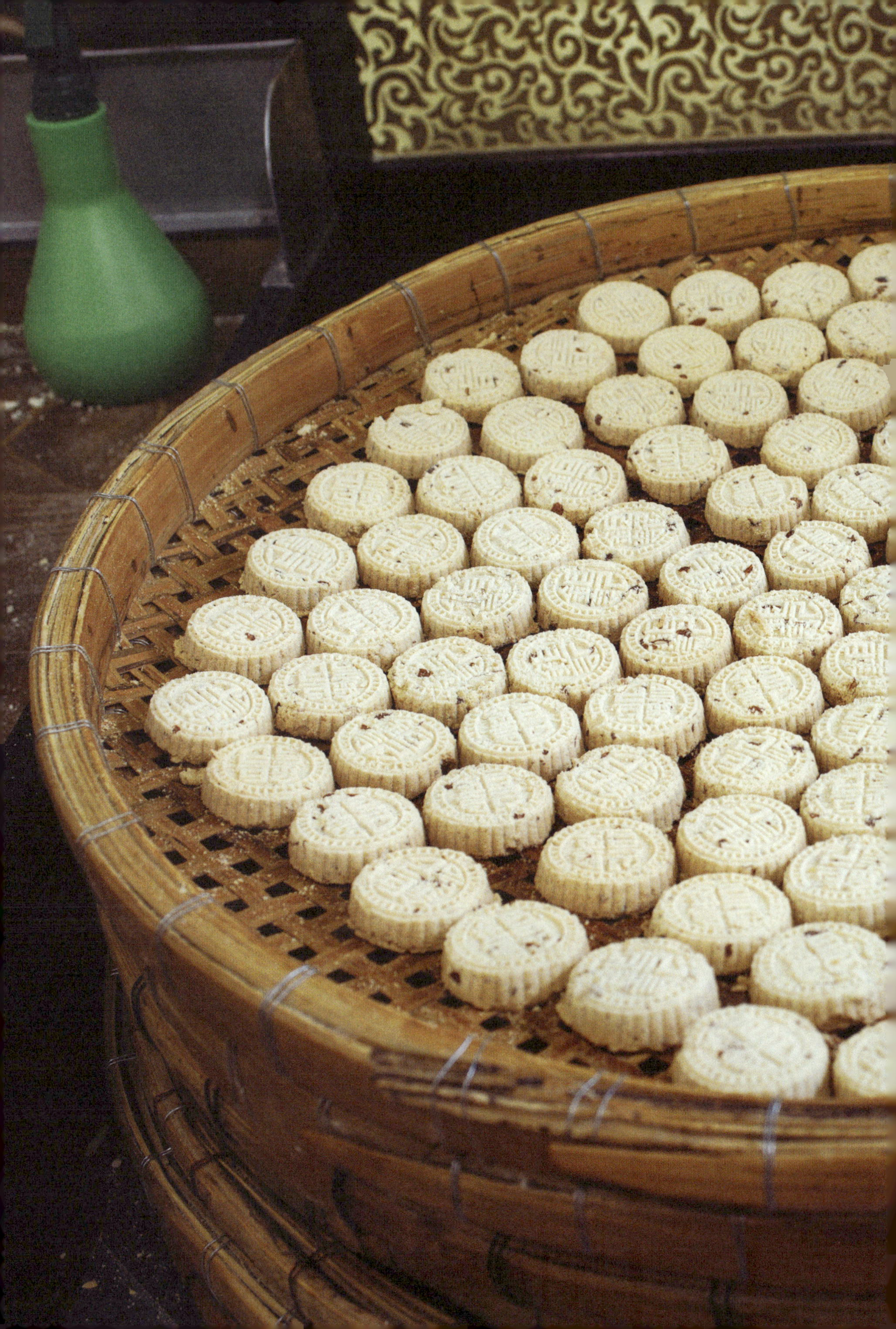

肆·饮食

澳门的饮食文化非常丰富。在种类、烹饪方法和饮食习惯方面，它与珠江三角洲流域的其他城市，如珠海、广州、香港等地有较多共性；另一方面，由于历史原因与地缘原因，从葡萄牙和东南亚国家传入的饮食样式，经本土改良后，也成为很受欢迎的美食。

澳门几乎没有农业生产，粮食基本从内地进口。日常生活最常见的是以大米为原料制成的各类主食，如米饭、粥和米粉。在过去物质相对匮乏的年代，一碗大米饭拌上一些简单的调料就直接吃了，称为"捞饭"[lou^{55}fan^{22}]，如"豉油捞饭"[ʃi^{22}ieu^{21}lou^{55}fan^{22}]酱油拌饭、"猪油捞饭"[tʃy^{55}ieu^{21}lou^{55}fan^{22}]、"豆腐花捞饭"[teu^{22}fu^{22}fa^{55}lou^{55}fan^{22}]豆花拌饭、"汤捞饭"[tʰɔŋ^{55}lou^{55}fan^{22}]、"茶捞饭"[tʃʰa^{21}lou^{55}fan^{22}]，但现在一般不这么吃了。澳门的粥品以咸口居多，常把大米熬烂后放入肉、菜、蛋等作为辅料，而熬得比较稠、不加任何辅料的白粥叫作"烂饭粥"[lan^{22}fan^{22}tʃok^{5}]，熬得较稀的白粥称为"潮州粥"[tʃiu^{21}tʃeu^{55}tʃok^{5}]，认为是从潮汕地区传入的。此外还有糯米制成的各类食品。澳门也不乏制作精良的面食。在煮面条或米粉时，当地人讲究"过冷河"[kɔ^{33}laŋ^{35}hɔ^{21}]，即将面条、米粉煮熟后先用凉水涮一涮，再用其他辅料烹调，口感香滑弹牙。

澳门的各色点心种类繁多，外形精美，当地亦形成了以购买、赠送各类点心为特色的"手信"[ʃɐu³⁵ʃɵn³³]富有当地特色的纪念品文化。"咀香缘"[tʃɵy³⁵hɵŋ⁵⁵yn²¹]、"鉅记手信"[kɵy²²kei³³ʃou³⁵ʃɵn³³]、"晃记"[fɔŋ³⁵kei³³]等老字号的糕点店知名度很高，是当地人探亲访友、外地人观光购物必去消费的地方。

澳门的蔬菜种类丰富，常见家常菜有炒白菜、炒"通菜"[tʰoŋ⁵⁵tʃʰoi³³]空心菜、炒芽菜、炒"马屎苋"[ma³⁵ʃi³⁵in²²]马齿苋、炒椰菜、炒荷兰豆等，蒸、炖也是当地人很擅长的烹调方式。由于海产品丰富，以鱼、虾为主制成的鱼干、虾干在旧民居聚居的街头巷尾随处可见，能藉此窥见昔日渔村的风采。过去常见的海味小吃还有白蟹、东风螺、"蛳蚶"[ʃi⁵⁵kʰɐm³⁵]一种形体较小的蚌类、"水□□"[ʃɵy³⁵kat²tʃat²]水蟑螂等海生小动物。在澳门人的菜肴里，"腊味"[lap²mei³⁵]和"烧味"[ʃiu⁵⁵mei³⁵]烧卤是必不可少的重头戏，售卖腊味、烧味的店铺称为"烧腊铺"[ʃiu⁵⁵lap²pʰou³³]，各式腊味、烧味大块地挂在店铺里售卖，过节或有客人时家里需到烧腊铺"斩料"[tʃam³⁵liu³⁵]，即为加菜的意思。

限于篇幅，此章各类仅列出较为常见的饮食种类，挂一漏万，供读者管中窥豹。

一 主食

生滚鱼片粥 [ʃaŋ⁵⁵kuɐn³⁵y²¹pʰin³³tʃok⁵]

"生滚"是最常见的一种煮粥的方法，即"现煮现吃"。在大米熬烂后，放入腌制好的肉类，或蔬菜、蛋放入锅中，利用粥水沸腾的温度将辅料汆烫至脱生即可，出锅前撒上姜丝、葱花和胡椒粉作为佐料，煮好后马上食用，米粒绵软细滑，辅料香浓鲜美。

及第粥 [kɐp²tɐi²²tʃok⁵]

在大米粥里加入猪肝、猪肚、瘦肉等食材熬制而成，辅料代表"三元及第"。

4-3 ◆沙梨头仁慕巷

4-4 ◆沙梨头仁慕巷

4-1 ◆ 侨乐巷

4-2 ◆ 金沙酒店

花卷 [fa⁵⁵kyn³⁵]

"花卷"是外来的面食制品,在经加工改良后,外形有较大改变。图4-1是仿西式面包圈的样式做的花卷,像朵花儿。

牛炒糯米饭 [ʃaŋ⁵⁵tʃʰau³⁵lɔ²²mei³⁵fan²²]

"生炒糯米饭"即将生糯米与配菜炒熟了配在一起吃。一般先将糯米浸泡一段时间后再炒,炒熟后糯米晶莹剔透,味美可口。

艇仔粥 [tʰɛŋ³⁵tʃɐi³⁵tʃok⁵]

"艇仔"是过去渔民的简易船只,"艇仔粥"因过去在艇仔上出售而得名。粥的辅料很丰富,有鱼片、鱿鱼、瘦肉、猪肚等,也可依据个人喜好添加食材,如图4-5加了薯条。

粉肠肉丸粥 [fɐn³⁵tʃʰœŋ³⁵iok²yn³⁵tʃok⁵]

"粉肠"即猪大肠。"粉肠肉丸粥"是在白粥里加入粉肠、肉丸熬制而成的。"粉肠"还是一句骂人话,意为"傻子"。

4-5 ◆ 沙梨头仁慕巷

4-6 ◆ 沙梨头仁慕巷

澳门　肆·饮食

4-7 ◆ 草堆街

碱水面 [kan³⁵ʃøy³⁵min²²]

"碱水面"是当地最为常见的面制品之一，是在发酵后兑入适当比例的碱水制成的。

4-8 ◆ 沙梨头仁慕巷

虾子捞面 [ha⁵⁵tʃi³⁵lou⁵⁵min²²]

"捞"即为"拌"，"虾子捞面"是将面煮熟后，"过冷河"[kɔ³³laŋ³⁵hɔ²¹]用凉水洗一洗，再用虾子、猪油、"豉油"[ʃi²²iɐu²¹]酱油拌匀而成，是很受欢迎的一道面食。

4-10 ◆连胜街

4-11 ◆金沙酒店

炒面 [tʃʰau³⁵min²²]

"炒面"是将"碱水面"(见图4-7)煮熟后,用豆芽、韭菜、洋葱等辅料炒成的。由于常加"豉油"拌匀食用,因此也称作"豉油皇炒面"[ʃi²²iɐu²¹uɔŋ²¹tʃʰau³⁵min²²]。

伊面 [i⁵⁵min²²]

"伊面"指一根很长且不断的面条,口感筋道。过去用作寿面,现在也成了日常餐饮的一种。

竹升面 [tʃok⁵ʃeŋ⁵⁵min²¹]

"竹升面"是一种制面工艺,指用竹竿碾压面团而成。图4-9为澳门有名的竹升面馆的宣传图片。"竹升"为长的、粗的竹竿,原称为"竹杠"[tʃok⁵kɔŋ³³],由于"杠"与"降"同音,改称"竹升"。在和面、搋面后,便用竹竿碾压面团,最终形成面条,和面时还可兑上鸡蛋或鸭蛋、碱水、虾子等。图4-8的"虾子捞面"[ha⁵⁵tʃi³⁵lou⁵⁵min²²]是用竹升面做成的。

4-9 ◆六记粥面

澳门 肆·饮食

4-12◆三盏灯

茶果汤 [tʃʰa²¹kɔ³⁵tʰɔŋ⁵⁵]

"茶果汤"是将大米碾成粉后制作而成的一种小吃,有时粉条粗细不规则,汤料一般是咸口的。吃上佐以腌菜、虾米、香葱等调味,鲜滑爽口。

米粉 [mɐi³⁵fɐn³⁵]

与"河粉"(见图4-15)有所不同的是,"米粉"是细长条、丝状的米制品。多配以各色汤品来进行烹调。

现在澳门有不少潮汕风味的餐厅。潮汕地区的米粉称为"粿条"[kue¹³tiau⁵⁵]揭阳闽语读音,因此澳门人把潮汕风味的米粉称为"贵刁"[kuɐi³³tiu⁵⁵],"贵刁"比传统的米粉更为细长、透亮。(见图4-14)另外还有来自越南的"檬="[mɔŋ⁵⁵],外形跟"贵刁"类似,也受到当地人的欢迎。

4-13◆美兴食店

4-14◆美兴食店

4-15◆义字街

4-16◆连胜街

河粉 [hɔ²¹fen³⁵]

"河粉"指宽条、长方形状的米制品，因原产自广东沙河，原称为"沙河粉"[ʃa⁵⁵hɔ²¹fen³⁵]，现多简称为"河粉"。

炒河粉 [tʃʰau³⁵hɔ²¹fen³⁵]

"炒河粉"常放入牛肉或猪肉作为辅料，加入牛肉的炒河粉叫作"牛河"[ŋeu²¹hɔ²¹]，加入猪肉的叫作"猪河"[tʃy⁵⁵hɔ²¹]。

猪肠粉 [tʃy⁵⁵tʃʰœŋ²¹fen³⁵]

"猪肠粉"是将粉浆蒸熟后，卷成长条形的米制品，因形状与猪大肠相似而得名，故也简称为"肠粉"[tʃʰœŋ²¹fen³⁵]。由于出锅时为长条形，故常用剪子剪成段儿食用。

猪肠粉有的没馅儿，称为"净肠粉"[tʃeŋ²²tʃʰœŋ²¹fen³⁵]（见图4-18），更常见的是放入猪肉、牛肉、虾仁、叉烧等做馅儿。在吃的时候，还可根据个人喜好淋上酱料。

4-17◆连胜街

4-18◆连胜街

烧卖 [ʃiu⁵⁵mai³⁵]

"烧卖"是当地很受欢迎的特色食品，与"糯米包"[lɔ²²mɐi³⁵pau⁵⁵]（见图4-52、4-53）有所不同的是，烧卖体积较小，直径在两厘米左右，外皮顶不封口。外皮掺入了鸡蛋液，呈淡黄色，口感酥软，顶不封口；馅儿以虾肉、猪肉、牛肉等为主料，稍含汁液，浓香鲜美。在馅儿中间往往还加上一点红色的染料作为点缀，使其外形如一朵含苞待放的花骨朵。

此处"卖"与"买"同音，声调读同上声[35]，是变调。

4-19 ◆卢廉若公园

叉烧包 [tʃʰa⁵⁵ʃiu⁵⁵pau⁵⁵]

"叉烧包"是最受欢迎的特色食品之一。一般直径约为5厘米，以腌制好的、肥瘦均匀的小块叉烧肉做馅儿，放在蒸笼里用大火隔水蒸熟，一笼一般为3或4个。蒸熟后的叉烧包外面的面皮稍微裂开，露出叉烧馅料，香气扑鼻。

"叉烧包"与"虾饺"（见图4-26、4-27）、"烧卖"（见图4-19）齐名，是当地人"饮早茶"（见图6-3）时必点的一道主食。

菜肉包 [tʃʰɔi³³iok²pau⁵⁵]

"菜肉包"指馅儿为荤素搭配，既有肉又有蔬菜的包子。

4-20 ◆渔人码头

4-21 ◆卢廉若公园

4-22 ◆盛记白粥

4-23 ◆盛记白粥

油炸鬼 [ieu²¹tʃa³³kuɐi³⁵]

"油炸鬼"即油条，现在也有像北方油条那样长条形、中空、口感较脆的油条。"白粥油炸鬼" [pak²tʃok⁵ieu²¹tʃa³³kuɐi³⁵] 是澳门人最喜欢的传统早点种类之一。

咸煎饼 [ham²¹tʃin⁵⁵pɐŋ³⁵]

"咸煎饼"是油饼的一种，其制作时加上了腐乳、白糖、红糖调味，咸中带甜，皮脆心软，松香可口。

莲蓉包 [lin²¹ioŋ²¹pau⁵⁵]

"莲蓉包"是当地的特色美食之一。所谓"莲蓉"，即将莲子去心，蒸熟后研磨成泥，并加入盐、糖等辅料制成馅儿。

豆蓉包 [tɐu²²ioŋ²¹pau⁵⁵]

"豆蓉包"即豆沙包。是将红豆去皮煮熟后，研磨成泥，再加入糖等其他辅料制成馅儿。

4-24 ◆卢廉若公园

4-25 ◆卢廉若公园

4-26◆义字街

4-27◆渔人码头

虾饺 [ha^{55}kau^{35}]

"虾饺"是当地最受欢迎的特色食品之一,外皮用小麦粉和生粉制成,隔水蒸熟后呈半透明状,馅儿隐约可见;馅儿以鲜虾肉搭配笋丝、猪油、白糖等辅料制成,分量大小多以能一口吃下为限。

虾饺的形状有蜘蛛肚形(见图4-27)和半月形(见图4-26)两种,制作精良的虾饺皮白如冰,薄如纸,吃起来爽滑清鲜,馅儿略带酱汁,鲜美可口。

粉果 [fen^{35}kɔ^{35}]

"粉果"也是当地的特色食品,外形与虾饺相似,但比虾饺略大些。外皮原用大米磨成的粉制成,但现在多用小麦粉、生粉制成,与虾饺相似。除了以虾肉、笋丝儿为馅儿以外,还可以加入猪肉、叉烧、冬菇等,馅儿讲究包得满而不实,摇有响声,且外皮捏口不留褶印儿,这些与虾饺有所不同(见图4-28)。在烹调工艺上,除了隔水蒸熟以外,还可以用油半煎炸,制成"煎粉果" [tʃin^{55}fen^{35}kɔ^{35}](见图4-29)。

在明末清初就已有关于粉果的记载。屈大均在《广东新语》中写道:"平常则作粉果。以白米浸至半月,入白粳饭其中,乃舂为粉。以猪脂润之,鲜明而薄以为外;茶蘼露、竹胎、肉粒、鹅膏满其中以为内,则与茶素相杂而行者也。一名粉角。"

4-28◆义字街

4-29◆渔人码头

4-30 ◆三盏灯

蛋挞 [tan²²tʰat³]

  "蛋挞"是一种从国外传入的点心,"挞"为表音字,是英语 tart 的音译。蛋挞以鸡蛋、白糖混合而成的蛋浆为馅儿,外皮酥脆可口。

葡挞 [pʰou²¹tʰat³]

"葡挞"即葡式蛋挞，是澳门最有特色的食品，既受当地人的热烈追捧，也是旅游观光的游客必会去品尝的食品之一。与一般的"蛋挞"（见图4-30）相比，葡挞的特点是蛋浆的表面焦黑，是糖过度受热后所产生的焦糖。

4-31 ◆氹仔安德鲁糕店及咖啡店

钵仔糕 [put²tʃei³⁵kou⁵⁵]

"钵仔糕"糕体的制作工艺与"马蹄糕"（见图4-38）相同，还可根据不同的口味加入其他辅料。比较特别的是，需把原料放入一个小碗的模具里蒸，成品糕体晶莹雪白、油润光洁，吃起来口感筋道、细腻嫩滑。

4-32 ◆大缆巷

4-34 ◆ 义字街

大发 [tai²²fat³]

"大发"即发糕，寓意发财。用大米粉、红糖和匀发酵后蒸制而成。由于名称吉利，除了日常食用之外，在过年、祭祀时，"大发"也是必不可少的食物，还会用食用染料将其染色，以示喜庆。（见图4-33）

4-33 ◆ 义字街

4-35 ◆卢廉若公园

4-36 ◆大缆巷

马拉糕 [ma^{35}lai^{55}kou^{55}]

"马拉糕"据说是由新加坡的马来族人传入的,故而得名。马拉糕由面粉、鸡蛋、牛油等混合发酵后蒸制而成。

九层糕 [keu^{35}tʃʰeŋ^{21}kou^{55}]

"九层糕"糕体的制作工艺与"马蹄糕"(见图 4-38)相同,也是以马蹄粉为原料制成的点心。糕体外形用不同颜色相配,区分为九层,故而得名。

杏仁饼 [heŋ^{22}ieŋ^{21}peŋ^{35}]

"杏仁饼"是澳门最受欢迎的赠礼佳品。它的原料以绿豆磨成的面儿为主,原来的形状与杏仁类似,故而得名。现在经过改良,多以圆饼状为主,还加入辅料形成多种口味。图 4-39 为刚刚出炉的杏仁饼,图 4-40 为制饼师傅正在用"饼模"制作杏仁饼。

4-39 ◆氹仔银河娱乐场

4-37 ◆义字街

4-38 ◆侨乐巷

萝白⁼糕 [lɔ²¹pak²kou⁵⁵]

"萝白⁼"即白萝卜。"萝白⁼糕"是将糯米磨成粉制成浆，再混入萝卜丝、肉末等辅料后，放入模具中蒸熟制成。除了蒸着吃以外，还可以冷却了以后，下过热油煎着吃。

除了"萝白⁼糕"，当地还喜欢吃"芋头糕"[u²²tʰɐu²¹kou⁵⁵]，其制作工艺与"萝白⁼糕"基本相同，只是把主料由萝卜换做芋头。

马蹄糕 [ma³⁵tʰɐi²¹kou⁵⁵]

"马蹄"即为荸荠。"马蹄糕"是用糯米粉、马蹄粉加入糖水等辅料拌合后蒸制而成的，有时还会加入新鲜的马蹄粒儿一起蒸。马蹄糕呈茶黄色，呈半透明状，味道香甜，口感软滑而不失韧劲儿，是人们饭后茶歇的常备食品。

4-40 ◆新马路

4-41 ◆大缆巷

4-42 ◆大缆巷

鱼饼 [y²¹peŋ³⁵]

"鱼饼"是当地很受欢迎的食品,将鲜鲮鱼肉剁成肉泥后,加上调料、清水、生粉拌成糊状,再压制成饼状,最后将其放入热油中慢火煎制而成。鱼饼色泽金黄,具有香、滑、爽、嫩、鲜的特色。当地也有用虾肉通过相同烹制方法制成"虾饼"[ha⁵⁵peŋ³⁵]的。

咖喱角 [ka⁵⁵lei⁵⁵kɔk³]

"咖喱角"是由新加坡、马来西亚和泰国等东南亚国家传入的小吃,是以薄面皮卷上馅料成三角形状,再经油炸而成的食品。馅料通常为拌上咖喱粉的马铃薯泥和肉末等。

光酥饼 [kɔŋ⁵⁵ʃou⁵⁵peŋ³⁵]

"光酥饼"是用面粉、白糖等和匀之后焙烤成的一种点心。外形膨松洁白,口感酥脆。另外还有"黄糖光酥饼"[uɔŋ²¹tʰɔŋ²¹kɔŋ⁵⁵ʃou⁵⁵peŋ³⁵],制作工艺与"光酥饼"相同,区别在于光酥饼放的是白糖,黄糖光酥饼放的是红糖。

盲公饼 [maŋ²¹koŋ⁵⁵peŋ³⁵]

"盲公"指男性盲人,传说"盲公饼"是盲人何朝声的大儿子所发明的,人们到盲人处买饼,故而得名。盲公饼用糯米配以食糖、花生、芝麻、猪肉、生油等原料巧制而成。饼内所夹的猪肉,需用白糖腌藏数天至数月不等才取出配制,饼以瓦盆盛料焙制,吃起来甘美酥脆,美味可口。

4-43 ◆卢廉若公园

4-44 ◆卢廉若公园

4-45 ◆ 卢廉若公园

4-46 ◆ 卢廉若公园

4-47 ◆ 沙梨头海边街

叶仔 [ip²tʃei³⁵]

"叶仔"过去曾是人人会做的点心,因用蕉叶包裹糯米团儿蒸熟而得名。叶仔都有馅儿,如花生、豆蓉、椰蓉等。

芝麻糊 [tʃi⁵⁵ma²¹u³⁵]

糊状的食品统称为"糊仔"[u³⁵tʃei³⁵],"糊"读同上声[35],是变调。除了芝麻糊以外,常见的还有花生糊 [fa⁵⁵ʃaŋ⁵⁵u³⁵]、杏仁糊 [heŋ²²ien²¹u³⁵]、核桃糊 [het²tʰou²¹u³⁵] 等。

鸡仔饼 [kei⁵⁵tʃei³⁵peŋ³⁵]

"鸡仔饼"以外形小巧,与小鸡儿形似而得名,馅料以肥猪肉、菜心为主,辅以腐乳、蒜蓉、胡椒粉、五香粉等调味,甘香酥脆,甜中带咸。

核桃酥 [het²tʰou²¹ʃou⁵⁵]

"核桃酥"是将核桃捣碎后,与面粉、黄油等一起烘焙而成的酥饼,吃起来能尝到突出的桃仁清香。

4-48 ◆ 卢廉若公园

4-49 ◆ 侨乐巷

4-50 ◆白鸽巢公园

棉花糖 [min²¹fa⁵⁵tʰɔŋ³⁵]

"棉花糖"由白砂糖制成,由于其外形呈棉絮状,故而得名。将一勺白砂糖放入快速旋转的特制机器中,白砂糖受热后分子结构发生改变,变成了细长条的丝状物质,再用一根细长的小棍子围绕机器内壁将丝状物缠绕其上,很快就能形成一团雪白、蓬松、香甜的棉花糖。

糯米包 [lɔ²²mɐi³⁵pau⁵⁵]

"糯米包"的外皮掺入了鸡蛋液,呈淡黄色,与"烧卖"[ʃiu⁵⁵mai³⁵](见图4-19)相似,但糯米包的外皮是封顶的,与烧卖有所不同;馅料与"糯米卷"[lɔ²²mɐi³⁵kyn³⁵](见图4-55)相同。

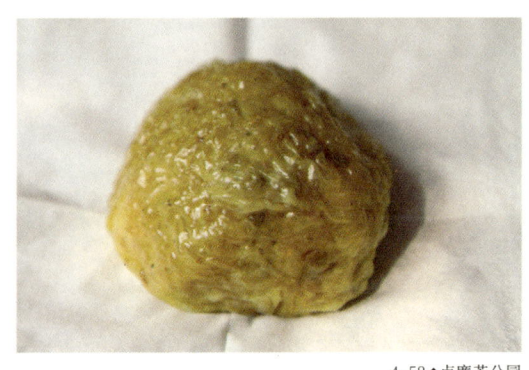

4-52 ◆卢廉若公园

4-53 ◆卢廉若公园

4-51 ◆ 大三巴斜巷

花生糖 [fa⁵⁵ʃaŋ⁵⁵tʰɔŋ³⁵]

现在澳门还有手工制作花生糖的手艺，推一小车在路边摆摊，现做现卖。还可根据个人喜好加入芝麻、奶油、猪油等食材做成各种口味的花生糖。此处"糖"的声调读上声 [35]，是变调。

糯米鸡 [lɔ²²mɐi³⁵kɐi⁵⁵]

"糯米鸡"也叫作"糯米鸡仔" [lɔ²²mɐi³⁵kɐi⁵⁵tʃɐi³⁵]，是很受欢迎的一道茶点，是在糯米里面放入鸡肉、叉烧、咸蛋黄、冬菇等馅料，再以荷叶包实后蒸熟而成的。

糯米卷 [lɔ²²mɐi³⁵kyn³⁵]

"糯米卷"的外皮用面粉制成，馅料以糯米为主，加上猪肉、"花生碎" [fa⁵⁵ʃaŋ⁵⁵ʃøy³³] 碎花生 等作为辅料，将馅料放入面皮之上，四周封起，待二次发酵后放入蒸锅里蒸熟。起锅后用刀切段，即可食用。

4-54 ◆ 义字街

4-55 ◆ 卢廉若公园

澳门 肆·饮食

豆腐扑⁼ [tɐu²²fu²²pʰɔk⁵]

"豆腐扑⁼"即炸豆腐泡，中间是空心的。

4-56 ◆营地大街

4-57◆义字街

炸豆腐 [tʃa³³teu²²fu²²]

"炸豆腐"是实心的炸豆腐块儿,一般切成正方形。

4-58◆侨乐巷

豆腐花 [teu²²fu²²fa⁵⁵]

"豆腐花"即豆花,澳门人一般吃甜口的,加入红糖或白糖食用。

腐乳 [fu²²y³⁵]

当地"腐乳"有红方(见图 4-59)、白方(见图 4-60)两种。红方是加入红曲制成的,也称为"南乳"[lam²¹y³⁵],现在还有手工现做的"南乳"出售。白方一般在超市里以瓶装出售,产地也多在外地。

4-59◆道咩卑利士街

4-60◆义字街

4-62 ◆十月初五街

凉茶 [lœŋ²¹tʃʰa²¹]

"凉茶"是用中草药煎制而成的汤药，大多数有清热去火的功效。此处可能避讳称"药"，因此称"茶"，又如"药煲"称为"茶煲"。（见图 2-4）传统凉茶种类包括"三丫苦" [ʃam⁵⁵ŋa⁵⁵fu³⁵]、"[二十]四味" [ia²²ʃei³³mei³⁵]、"五花茶" [m³⁵fa⁵⁵tʃʰa²¹]、"茅根竹蔗" [mau²¹kɐn⁵⁵tʃok⁵tʃe³³]、"木眼仔" [mok²ŋan³⁵tʃɐi³⁵] 等，大多味苦，但喝下后回甘。

卖凉茶的店面叫作"凉茶铺" [lœŋ²¹tʃʰa²¹pʰou³³]，澳门最早的凉茶铺有大声公凉茶 [tai²²ʃeŋ⁵⁵koŋ⁵⁵lœŋ²¹tʃʰa²¹]、三坑瓦凉茶 [ʃam⁵⁵haŋ⁵⁵ŋa³⁵lœŋ²¹tʃʰa²¹]（现已无），现在较为出名的凉茶铺是"海清纯凉茶" [hɔi³⁵tʃʰeŋ⁵⁵ʃøn²²lœŋ²¹tʃʰa²¹]，除此之外还有些规模较小的凉茶铺。

梅酒 [mui²¹tʃɐu³⁵]

"梅酒"是用青梅浸泡到高度酒里酿造而成的，自家可以酿制。成品酒既有梅肉的甜柔，也有白酒的浓烈，口味浓郁芬芳。

咸酸湿 [ham²¹ʃyn⁵⁵ʃɐp⁵]

"咸酸湿"是各种蜜饯干果的统称，也叫作"咸酸湿递⁼" [ham²¹ʃyn⁵⁵ʃɐp⁵tei³³]，如"话梅干" [ua²²mui²¹kɔn⁵⁵]用梅子腌制而成的蜜饯、"芒果条" [mɔŋ⁵⁵kɔ³⁵tʰiu²¹] 等，可能跟这类食品一般为咸的、酸的，且口感较为湿润有关。

4-61 ◆侨乐巷

4-63 ◆侨乐巷

三　菜肴

4-64 ◆侨乐巷

鲍片炒芽菜 [pau⁵⁵pʰin³⁵tʃʰau³⁵ŋa²¹tʃʰɔi³³]

"鲍片炒芽菜"是一道家常菜,"鲍片"并不是鲍鱼,而是用杏鲍菇切片制成,"芽菜"即豆芽,单纯的"炒芽菜" [tʃʰau³⁵ŋa²¹tʃʰɔi³³] 也是常见的家常菜。

白菜干 [pak²tʃʰɔi³³kɔn⁵⁵]

"白菜干"是将白菜用沸水烫熟之后晒干而成。当地人在夏秋季闷热时,喜在炖汤、熬粥时放入白菜干,既可调味,也起消燥除热的功效。

梅菜 [mui²¹tʃʰɔi³³]

"梅菜"是用芥菜腌制而成的,通常晒干储藏,可用于炖肉或炖汤。

4-65 ◆水上街市

4-66 ◆三盏灯

中国语言文化典藏

4-68 ◆水上街市

咸鱼 [ham²¹y²¹]

"咸鱼"也叫作"鱼干"[y²¹kɔn⁵⁵]，是将海鱼腌制晒干而成的。咸鱼的制作工艺分为两种，一种叫作"实肉咸鱼"[ʃɐp²iok²ham²¹y²¹]（见图4-67），鲜鱼直接腌制晒干即可，鱼的肉质结实，鱼肉可成片，口味咸鲜。另一种叫作"霉香咸鱼"[mui²¹hœŋ⁵⁵ham²¹y²¹]（见图4-68），先将鲜鱼发酵一两天，待其营养物质改变再加盐腌制七八天，晒干后产生一种奇特的香味，其肉质松软，较容易碎。

虾干 [ha⁵⁵kɔn⁵⁵]

将鲜虾的头去掉后，将其晒干便可做成虾干。

4-67 ◆河边新街

4-69 ◆海边新街

4-72◆沙梨头仁慕巷

4-73◆三盏灯

蚬蚧 [hin³⁵kai³³]

　　"蚬蚧"是用新鲜的蚬肉、酒、姜等辅料腌制而成的一种酱料,咸中带着蚬肉的鲜香,口味独特,常作为蘸料使用。如吃"炸鸳鸯"[tʃa³³yn⁵⁵iœŋ⁵⁵](见图4-86)时就常配蚬蚧作为蘸料。

酸菜 [ʃyn⁵⁵tʃʰɔi³³]

　　"酸菜"是用芥菜腌制而成的,可与肉类一同炒制。"酸菜"与其他腌制类蔬菜瓜果(见图4-73至4-75)统称为"咸酸菜"[ham²¹ʃyn⁵⁵tʃʰɔi³³]。

肉脯 [iok²pʰou³⁵]

　　"肉脯"也叫作"肉干"[iok²kɔn⁵⁵],以牛肉或猪肉为食材烤制而成,根据其食材之不同,分

4-74 ◆ 义字街

4-75 ◆ 义字街

酸萝白ᵕ [ʃyn⁵⁵lo²¹pak²]

将白萝卜腌成酸口的，一般作为零食吃，或可作为配菜用于炒、炖等。

酸木瓜 [ʃyn⁵⁵mok²kua⁵⁵]

用不太成熟的木瓜腌制而成，酸口的，一般作为零食吃。

为"牛肉干"[ŋeu²¹iok²kɔn⁵⁵]、"猪肉干"[tʃy⁵⁵iok²kɔn⁵⁵]。与"葡挞"（见图 4-31）、杏仁饼（见图 4-39）相同，肉脯也是澳门最具标志性的特色食品之一。

4-76◆道咩卑利士街

腊肉 [lap²iok²]

"腊肉"多选用猪肉来制作，其中以猪的肋条肉为原料经腌制、烘烤而成的腊肉最为好吃，称为"腊腩条"[lap²lam³⁵tʰiu²¹]。

腊肠 [lap²tʃʰœŋ³⁵]

腊制品统称为"腊味"[lap²mei³⁵]，一般在农历腊月制作，把肉类腌渍后再风干而制成。澳门的腊味属广式腊味，口味偏甜。此类腊肠除了肉以外，主要配料包括油、盐、酱油、糖等。

"腊肠"是最为常见的腊味，将半肥瘦猪肉切粒腌制好后，塞入用猪小肠制作的肠衣，再经过压缩、脱水及晒干等程序而制成，颜色比较鲜艳。"肠"的声调读同上声 [35]，是变调。

金银润 [kɐm⁵⁵ŋɐn²¹iøn³⁵]

"金银润"是一种复式腊味制品，外面为腊制的猪肝或鸭肝，里面塞入腊制的肥猪肉，很有特点。

澳门把"猪肝"称为"猪润"[tʃy⁵⁵iøn³⁵]，避讳"肝"[kɔn⁵⁵]音（与"干"同音），因此"金银润"的"润"也是口彩。此处"润"的声调为上声 [35] 调，是变调。

4-77◆道咩卑利士街

4-78◆道咩卑利士街

叉烧 [tʃʰa⁵⁵ʃiu⁵⁵]

"叉烧"是用半肥瘦的猪肉经腌渍后，挂在特制的叉子上，再放入炉内烧烤而成的。腌制叉烧的酱汁中有蜜糖，口味略甜，外表呈红色。叉烧肉质软嫩多汁、色泽鲜明、香味四溢，是最具特色的烧味之一。

用烤制叉烧的办法来加工排骨，即为"烧排骨" [ʃiu⁵⁵pʰai²¹kuɐt⁵]。

4-79◆道咩卑利士街

腊鸭 [lap²ŋap³⁵]

"腊鸭"是常见的腊味制品，此处"鸭"的声调读变调[35]。腊鸭一般整只腊制，风干时鸭脖子拉得很长，通常又挂在商店里售卖，当地有"挂腊鸭，□老趁⁼"[kʰua³³lap²ŋap³⁵, kua⁵⁵lou³⁵tʃʰen³³]的骂人话，用挂着的腊鸭形象来借喻上吊自尽，说明时运不济。

除了整只腊鸭以外，还有专门用鸭大腿来制作腊味的，叫作"油鸭髀"[iɐu²¹ŋap³pei³⁵]（见图4-81）。髀，《广韵》旨韵卑履切，义为"股外"。在澳门粤语里指"大腿"。

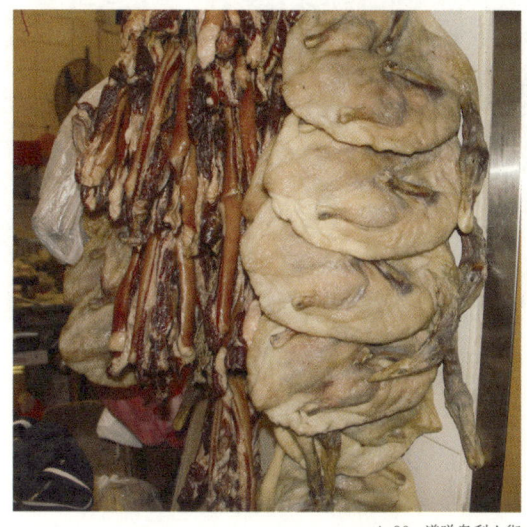

4-80◆道咩卑利士街

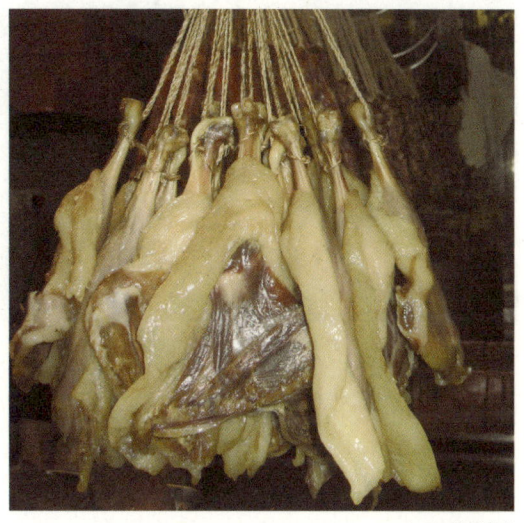

4-81◆澳门半岛

烧肉 [ʃiu⁵⁵iok²]

　　烧卤食品统称为"烧味"[ʃiu⁵⁵mei³⁵]。"烧肉"是最常见的"烧味"之一，在过年或祭祀时也是不可或缺的一道菜肴。烧肉的表皮通常烤得焦脆可口，经过煮、蒸、炸等一系列工序，

4-82 ◆ 道咩卑利士街

消除了肥肉中的油腻,皮酥肉实很有嚼头。吃的时候,还可以通过不同的外蘸调料,使烤肉或为甜口,或为咸口。

4-83 ◆道咩卑利士街

白斩鸡 [pak²tʃam³⁵kei⁵⁵]

"白斩鸡"是最受欢迎的一道菜肴，由于制作时需将处理过后的整鸡放入水中氽烫，最后再用水煮熟，这种制作工艺称为"浸"[tʃɐm³³]。成品以皮黄肉白、鲜嫩清香、最大限度地保留了鸡的原味为特点。吃的时候用葱油或酱油作为蘸料，鲜美可口。

4-84 ◆沙梨头仁慕巷

凤爪猪肠 [foŋ²¹tʃau³⁵tʃy⁵⁵tʃʰœŋ²¹]

"凤爪"是鸡爪子的婉称，"凤爪猪肠"用秘制的卤水熬制而成，包括卤鸡爪子和卤猪大肠两种。

4-85◆道咩卑利士街

烧鹅 [ʃiu⁵⁵ŋɔ²²]

"烧鹅"是粤菜中的一道传统名菜,整鹅去掉翅膀、掌及内脏,经腌制、风干后烤制而成。烧鹅色泽金红,皮脆肉嫩,常常佐以酸梅酱蘸食,酸甜可口;也可外蘸咸酱,吃咸口的。

炸鸳鸯 [tʃa³³yn⁵⁵iœŋ⁵⁵]

"鸳鸯"常用于借喻成双成对的事物,"炸鸳鸯"是澳门当地著名小吃"炸鲜虾馄饨" [tʃa³³ʃin⁵⁵ha⁵⁵uɐn²¹tʰen⁵⁵] 与"炸米通鲮鱼球" [tʃa³³mei³⁵tʰoŋ⁵⁵leŋ²¹y²¹kʰɐu²¹] 的双拼。

咖喱鱼蛋 [ka⁵⁵lei⁵⁵y²¹tan³⁵]

简称"鱼蛋" [y²¹tan³⁵]。"鱼蛋"即鱼丸,将鱼丸煮熟以后,浇上用咖喱粉调制的酱料即可食用。

4-86◆沙梨头仁慕巷

4-87◆大三巴巷

澳门 肆·饮食

牛杂 [ŋeu²¹tʃap²]

"牛杂"是牛内脏的统称,用秘制卤水炖煮的牛杂香滑绵软,味浓汁厚。"萝卜牛杂" [lɔ²¹ pak² ŋeu²¹tʃap²]是深受澳门人喜爱的小吃。

4-88◆大三巴斜巷

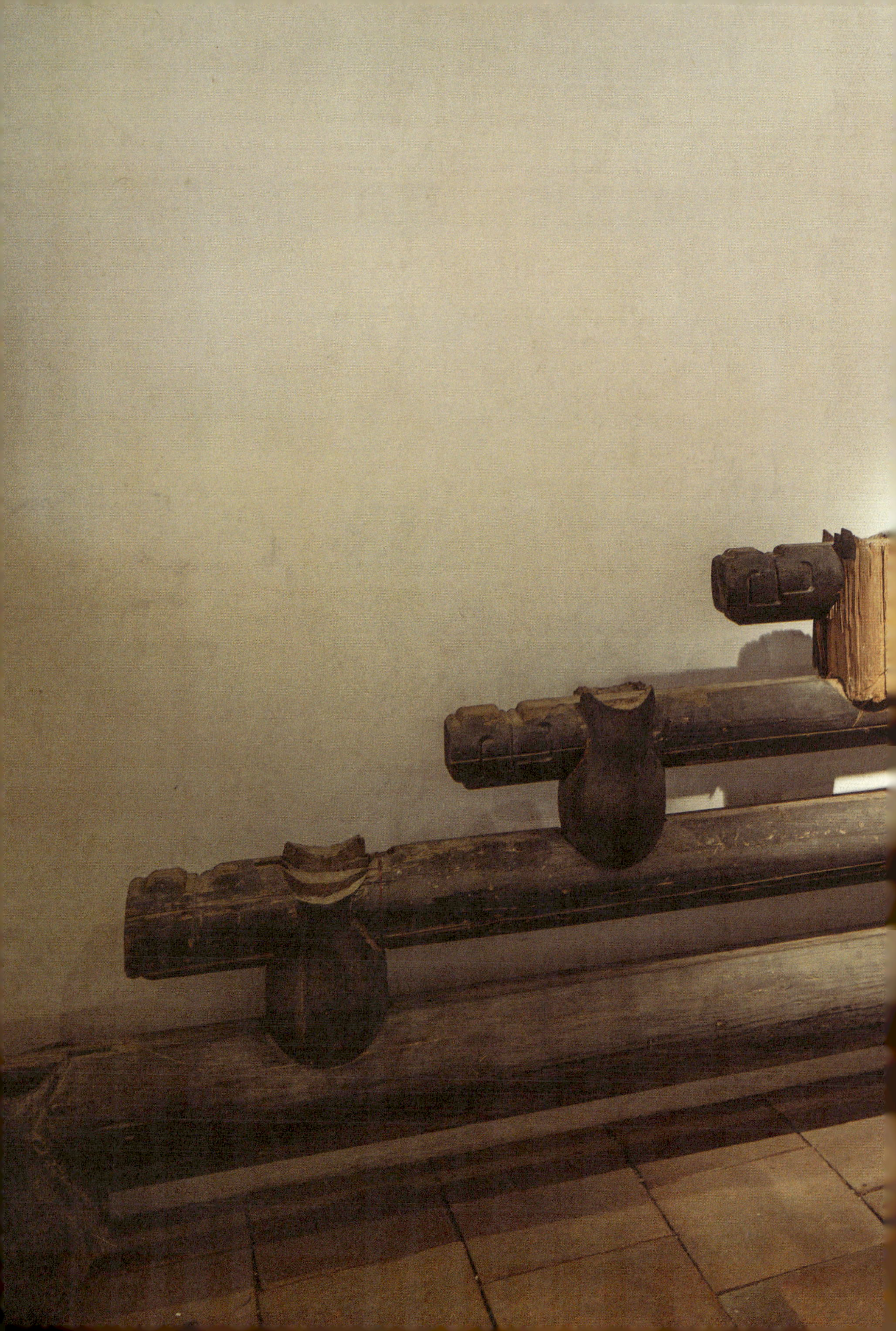

伍·农工百艺

澳门的农业历来不太发达，现在已无农业生产，农具主要用于公园、寺庙等公益性建筑的园林维护上。由于地理位置临海而踞，渔业曾是澳门最为发达的传统行业之一，目前在内港码头、水上街市一带做生意的商贩多为过去的渔民，被称为"水上人"[søy³⁵ʃœŋ²²iɐn²¹]、"水上人家"[søy³⁵ʃœŋ²²iɐn²¹ka⁵⁵]或"疍家"[tan²²ka⁵⁵]，现在基本上已回迁到陆地生活，过去在船上生活的风俗习惯已经逐渐淡化。不过，贩卖海鲜和海鲜制品的各种行业至今仍非常兴盛。

随着工业化的发展，如今有不少传统手工艺已经消失，如织藤 [tʃekˀ⁵tʰɐŋ²¹]、补镬 [pou³⁵uɔkˀ²] 锢露、箍盆 [kʰu⁵⁵pʰun²¹] 用铁圈把木盆箍好、打棉胎 [ta³⁵min²¹tʰɔi⁵⁵]、染布 [im³⁵pou³³] 等。过去为了贴补家用，老百姓常常到工厂里领回一些手工活儿来做，如钉珠片 [tɛŋ⁵⁵tʃy⁵⁵pʰin³⁵] 把亮片钉到布料上、穿珠仔 [tʃʰyn⁵⁵tʃy⁵⁵tʃɐi³⁵] 把珠子串起来、剪线头 [tʃin³⁵ʃin³³tʰɐu²¹] 把衣物上的线头剪掉、穿胶花 [tʃʰyn⁵⁵kau⁵⁵fa⁵⁵] 把塑料制成的花瓣、花蕊插到花茎上，等等。现在随着机器大生产的发展，人们也不再从事这些手工艺制作了。

在商业方面，传统商铺正逐渐被现代超市模式所取代，有些商铺现在虽保留着店面，但已经不营业了。过去有很多沿街叫卖的小贩，有卖油的、卖药的、卖散装酒的，甚至还有卖蛇的，现在已难觅踪迹了。

在澳门的各行各业里，最引人注目的当属博彩业。从19世纪中叶开始，当时的葡萄牙澳门当局便宣告博彩业合法化，成了澳门的一项特殊产业。时至今日，澳门的博彩业仍属专利经营性质，由政府开设，是税收的重要来源之一。这种特殊的产业模式在中国是绝无仅有的，在世界上也极为少见。如今澳门的现代赌场金碧辉煌，设施完善，是集博彩、表演、餐饮、购物、住宿等为一体的大型娱乐中心。博彩业的兴盛也带动了典当业的发展。俗语说："当铺多过米铺"[tɐŋ³³pʰou³³tɔ⁵⁵kɔ³³mɐi³⁵pʰou³³]，在大街上，与各种娱乐场相伴随的是霓虹闪耀的"押店"[ŋatˀ³tim³³]，形成了一道独特景观。

廣福興油

李錦記
蠔油
香豉

李錦記
洋酒香煙
蠔油香豉

LEE KAM KEI
OLEO DE OSTRAS

江東名產
大閘蟹

一 农具

锄 [tʃʰɔ²¹]

"锄"也叫作"锄头"[tʃʰɔ²¹tʰɐu²¹]，过去多为长柄的，把手多为木质的（见图 5-1），现在也有短柄、铁质把手的（见图 5-2），头部与把手连成一体。多用于公园、寺庙等公益性建筑的园林维护，如松土、除草等。

5-1 ◆ 卢廉若公园

5-2 ◆ 卢廉若公园

铁斗车 [tʰit³tɐu³⁵tʃʰɛ⁵⁵]

"铁斗车"是一种独轮的手推车，用于工地拉运沙子、砖头等。轮子后方的两个三角支架用于停车时固定、支撑用。

5-4◆竹林寺

铲 [tʃʰan³⁵]

"铲"主要用于清除泥土、碎石或沙子等。

5-3◆普济禅院

柴刀 [tʃʰai²¹tou⁵⁵]

除了少数人家偶尔用柴火烧煮食物外，现在已基本不烧柴。除了在园艺维护偶尔使用外，柴刀也基本退出生活舞台了。

5-5◆卢廉若公园

5-6 ◆路环

5-7 ◆氹仔风景巷

柴堆 [tʃʰai²¹tøy⁵⁵]

有极少数人家在门口右侧开辟一方摆放柴堆，但很少能见到类似景象了。（见图5-6）还有的人家将柴火供奉在"门口土地"[mun²¹hɐu³⁵tʰou³⁵tei²²]（见图5-7）的牌位前。

箩 [lɔ⁵⁵]

"箩"指箩筐，过去多为竹子编的，因此也叫作"竹箩"[tʃok⁵lɔ⁵⁵]，此处"箩"的声调同阴平[55]，是变调。箩筐现多用在家里存放杂物或蔬菜、水果等。

筲箕 [ʃau⁵⁵kei⁵⁵]

"筲箕"是一种常用的盛放物品工具，多为竹子编制而成的，较深，能盛放较多物品。

5-10 ◆义兴码头

5-11 ◆连胜街

5-8 ◆ 卢廉若公园

5-9 ◆ 卢廉若公园

耙 [pʰa²¹]

澳门粤语里的"耙"指"耙"（pá）和"耙"（bà）两种工具，既有齿状的，也有平底的。现在耙多用于园林修葺、花草树木护理等工作，齿状的耙有木质（见图5-8）和铁质的（见图5-9），用于松土、碎土等，平底的耙主要用于整平土地。

钉耙 [tɛŋ⁵⁵pʰa²¹]

"钉耙"为铁质的耙，前面的齿较密。（见图5-9）过去把手多为木质的，现在为塑料材质的。钉耙用于园林维护，如松土、除草等。

筛 [ʃɐi⁵⁵]

"筛"是一种底部有孔的器具，通常是用竹子编制而成的，可以把细的东西漏下去，粗的留下。过去筛是用竹子编制而成的（见图5-12），现在多为塑料制品，叫作"胶筛"[kau⁵⁵ʃɐi⁵⁵]。（见图5-13）

5-12 ◆ 河边新街

5-13 ◆ 红街市

二手工艺

华葛真传

5-15 ◆三盏灯

泥水佬 [lɐi²¹ʃøy³⁵lou³⁵]

"泥水佬"是对泥瓦工的统称。"泥水佬"[lɐi²¹ʃøy³⁵lou³⁵]、"斗木佬"[tɐu³³mok²lou³⁵]木工、"油漆佬"[iɐu²¹tʃʰɐt⁵lou³⁵]油漆工（见图5-14）统称为"三行佬"[ʃam⁵⁵hɔŋ²¹lou³⁵]。

"佬"是一种背称，从事体力劳动行业的人都可以"行业+佬"作为称呼，带有些许戏谑、蔑称的意味。面称表示客气时一般称"师傅"[ʃi⁵⁵fu³⁵]。

5-16 ◆沙梨头海边街

锤仔 [tʃʰøy²¹tʃɐi³⁵]

"锤仔"指较小的锤子。在建筑活动里还用来把砖敲开，称为"□砖"[pok⁵tʃyn⁵⁵]。

油漆佬 [iɐu²¹tʃʰɐt⁵lou³⁵]

油漆工。

5-14 ◆竹林寺

5-17 ◆竹林寺

5-18 ◆竹林寺

灰匙 [fui⁵⁵tʃʰi²¹]

"灰匙"用于盛干水泥，以及在墙体上抹平水泥。其用于抹平的接触面有大有小，一般是铁质的。

灰桶 [fui⁵⁵tʰoŋ³⁵]

"灰桶"也叫作"泥桶"[lɐi²¹tʰoŋ³⁵]，专用于盛放、调拌水泥。

澳门水泥称为"红毛泥"[hoŋ²¹mou²¹lɐi²¹]，也叫作"英泥"[ieŋ⁵⁵lɐi²¹]。这两种叫法都显示出水泥是一种舶来品，是从国外传入的建筑材料。

5-19 ◆沙梨头海边街

墨斗 [mɐk²tɐu³⁵]

"墨斗"是木工行业的常用工具。墨盒中有线，通过手摇墨盒旁边转动的轮，来拉长直线（见图5-20）。线的外端有一个竹签，可以用于做记号。

角尺 [kɔk³tʃʰɛk³]

木工常用的测绘工具。

5-20 ◆沙梨头海边街

5-21 ◆竹林寺

5-22◆庇山耶街

木艺工会 [mok²ŋei²²koŋ⁵⁵ui³⁵]

木工称为"斗木佬"[teu³³mok²leu³⁵],"斗"为拼合、接合的意思。过去木工是很紧俏的行业,现在澳门有一些"长生店"[tsʰœŋ²¹ʃaŋ⁵⁵tim³³]棺材铺(见图7-38),在制作加工"长生"[tsʰœŋ²¹ʃaŋ⁵⁵]时,需要用到木工的手艺。

澳门有的木艺工会,早先是为与建筑相关的行业,如木工、泥水工、油漆工、石艺业、棚业等行业的工人,保障福利的工会。由于木工尊鲁班为"师傅"[ʃi⁵⁵fu³⁵],每年农历六月十三日为鲁班的诞辰,称为"师傅诞"[ʃi⁵⁵fu³⁵tan³³],当日木艺工会都会举行热闹的庆祝活动。

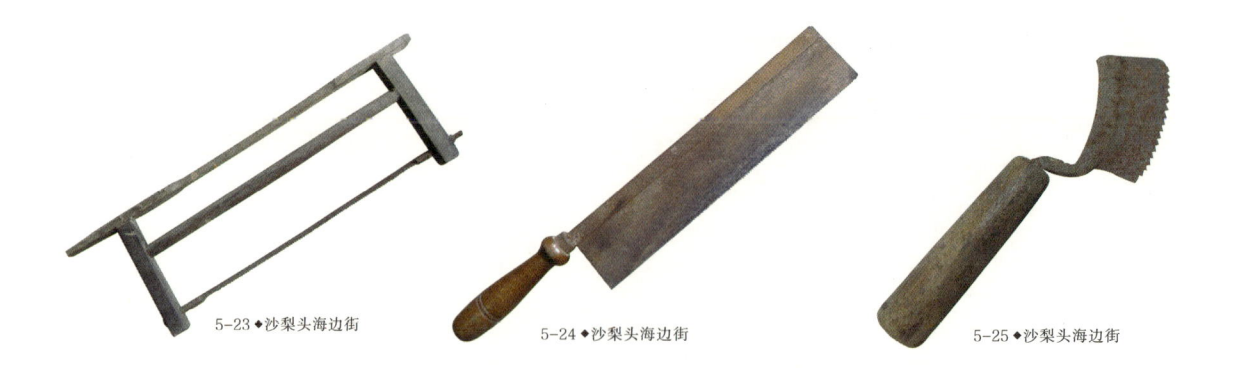

5-23 ◆沙梨头海边街　　5-24 ◆沙梨头海边街　　5-25 ◆沙梨头海边街

锯 [kœ³³]

"锯"是用来切断或切开木头的工具,形状多样,功能区分较为细致。图5-23是最为传统的老式锯子,为木质框架结构,锯条较细。图5-24的锯子跟刀的形状类似,带有木质把手,叫作"手锯"[ʃɐu³⁵kœ³³]。图5-25的锯子较为小巧,头部略弯,锯面较宽,叫作"拉刀锯"[lai⁵⁵tou⁵⁵kœ³³],用于"出柳"[tʃʰøt⁵lɐu³⁵]把木头的边沿削平,做出一条沿来。使用锯、"刨"[pʰau²¹](见图5-26、图5-27)时,经常要跨坐或支撑在"斗木凳"[tɐu³³mok²tɐŋ³³]上使用,斗木凳可用"板凳"[pan³⁵tɐŋ³³](见图2-37)来充当。

"锯"的韵母特殊,与同韵摄的字多读为 [øy]、[y] 韵母的情况有所不同,例如:举 køy³⁵ | 句 køy³³ | 雨 y³⁵。

刨 [pʰau²¹]

"刨"用于推刮木料。老式的刨多为铁质的,左右有耳(见图5-26),现还有木质的。图5-27的刨用于修整木头边沿,使其变得平整、光滑,也叫作"拉刨"[lai⁵⁵pʰau²¹]、"线刨"[ʃin³³pʰau²¹]、"柳刨"[lɐu³⁵pʰau²¹]。

5-26 ◆沙梨头海边街 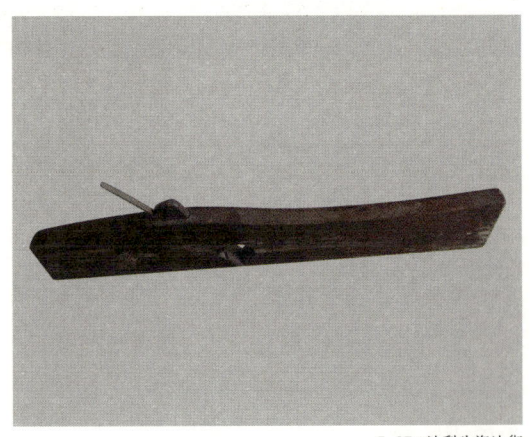　　5-27 ◆沙梨头海边街

5-28◆沙梨头海边街

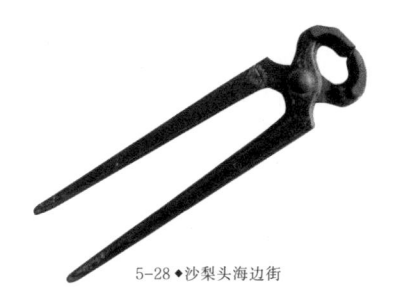

5-29◆沙梨头海边街

钳 [kʰim²¹]

"钳"用来夹持、弯曲或切断金属丝。

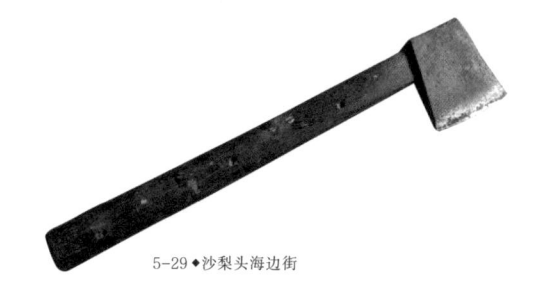

斧头 [fu³⁵tʰɐu²¹]

"斧头"用于砍断木材。

剕 [pʰɐi⁵⁵]

"剕"是用于修整木头边缘，使其变得平整的小型工具。剕，《广韵》齐韵匹迷切，义为"剕斫"，在粤语里义为"削"，还可做动词用，如"剕皮"[pʰɐi⁵⁵pʰei²¹]，即"削皮"。

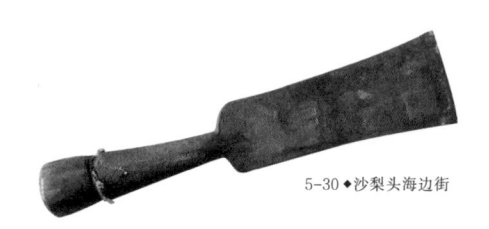

5-30◆沙梨头海边街

凿 [tʃɔk²]

"凿"是用来在木头或墙体上穿孔或挖槽的工具，将尖头或带刃的一面贴住木头或墙体，用锤敲击圆头这面，用于"入榫"[iɐp²nɵn³⁵]。图5-32的凿口较宽，也称为"阔口凿"[fut³hɐu³⁵tʃɔk²]。

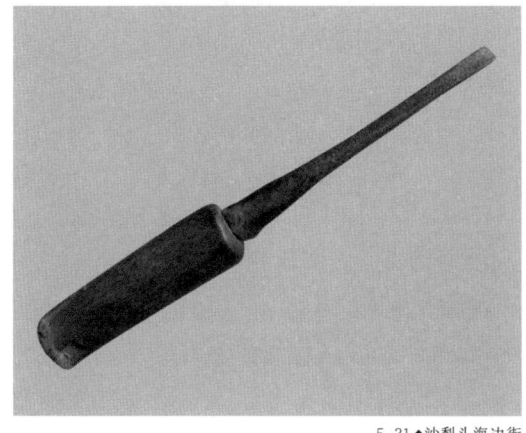

5-31◆沙梨头海边街

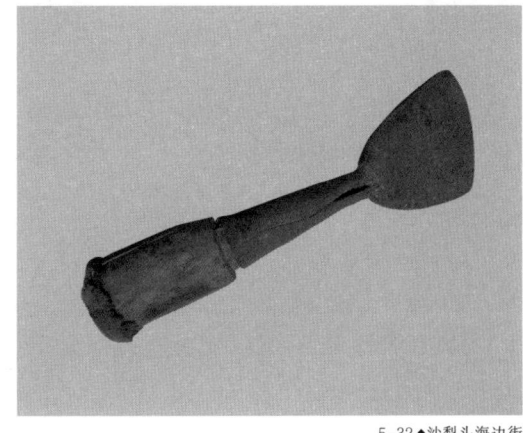

5-32◆沙梨头海边街

澳门 伍·农工百艺

139

5-33 ◆ 竹林寺

5-34 ◆ 德成按

木雕 [mok²tiu⁵⁵]

寺庙、公园等场所均有精美的木雕工艺品。

木刻 [mok²hak⁵]

木刻也是当地常见的工艺种类。

织草 [tʃek⁵tʃʰou³⁵]

"织草"即用草来编织玩具和器具等。图 5-35 的手工艺人是从外地来澳门做展销的，并非澳门本地的手工艺人。过去还有"织藤" [tʃek⁵tʰeŋ²¹] 的手工艺人，现在已经难觅踪迹了。

5-35 ◆ 大缆巷

5-36 ◆澳门博物馆

画花碗 [uak²fa⁵⁵un³⁵]

  过去澳门有种绘画工艺叫"画花碗"[uak²fa⁵⁵un³⁵]，一般用于给瓷碗绘画、上色，多为白底蓝笔的，很有特点。澳门的路牌也是用这种工艺绘制而成的（参见图1-46）。

5-37 ◆ 连胜街

飞发铺 [fei^{55}fat^{3}p^{h}ou^{35}]

"飞发铺"即理发店,有的没有固定的门面,直接设在街头巷尾(见图5-39)。店内一般有"飞发"[fei^{55}fat^3]理发(见图5-39)和"刮须"[kuat^{3}ʃou^{55}]刮胡子(见图5-40)两种业务,现在多为中老年男性光顾。

"铺"读[35],为变调。

5-38 ◆ 三角花园

剃头布 [tʰei³³tʰeu²¹pou³³]

"剃头布"也叫"麻布"[ma²¹pou³³]，是专门用来磨剃刀的布。过去常用牛皮做剃头布。

飞发 [fei⁵⁵fat³]

"飞发"即理发。过去有"飞发飞发，越飞越邋遢"的说法，讽刺过于注重讲究发型的行为。

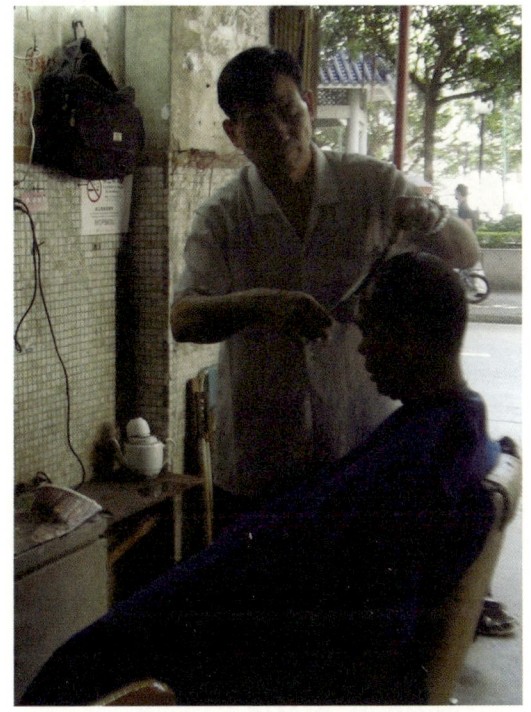

刮须 [kuat³ʃou⁵⁵]

"刮须"即刮胡子。

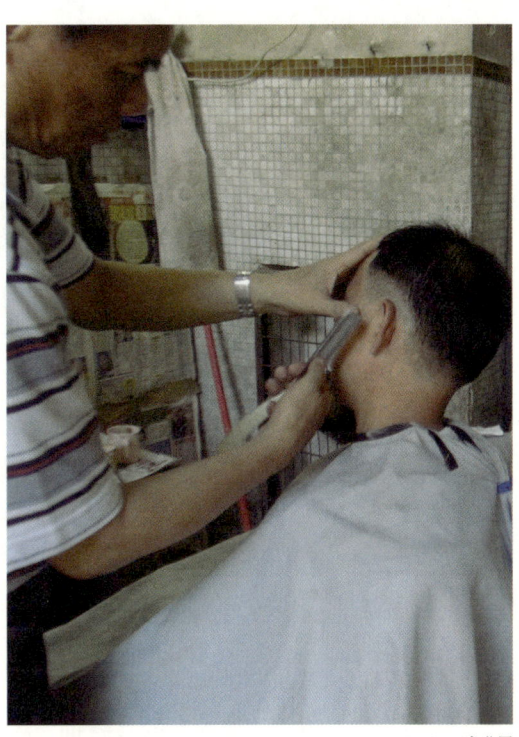

5-39 ◆ 三角花园

5-40 ◆ 三角花园

澳门 伍·农工百艺

5-41◆关前正街

裁缝铺 [tʃʰɔi²¹foŋ²¹pʰou³⁵]

澳门目前还有全手工制衣的裁缝铺，从事裁缝工作的人称为"裁缝佬"[tʃʰɔi²¹foŋ²¹lou³⁵]。

5-42 ◆关前正街

布料 [pou³³liu³⁵]

裁缝铺里把各式布料的样品放在一起，供顾客选择。在每张订单上都钉上布料条，以避免错放。

5-44 ◆关前正街

烫枕 [tʰɔŋ³³tʃɐm³⁵]

将衣领、衣袖等衣服的特殊部位垫在"烫枕"上熨烫。

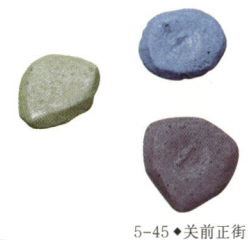

衣车 [i⁵⁵tʃʰɛ⁵⁵]

"衣车"即老式的缝纫机。用缝纫机缝制衣服称为"车衫" [tʃʰɛ⁵⁵ʃam⁵⁵]。

5-45 ◆关前正街

画粉 [uak²fɐn³⁵]

用"画粉"在纸上先画出"纸样" [tʃi³⁵iœn³⁵]，再以此为模板放在布料上剪裁。

5-46 ◆关前正街

竹尺 [tʃok⁵tʃʰɛk³]

"竹尺"是竹制的尺子，以寸为计量单位，一把竹尺有两尺长。

5-43 ◆关前正街

澳门 伍·农工百艺

5-47◆红街市

箍 [kʰu⁵⁵]

"箍"是一种修补木质、铁质、锑质等容器的技艺，用铁丝、铁圈将容器从外面固定住，使之不漏，在没坏时也可箍上，使之坚固耐用（见图5-47中木桶外壁的铁圈）。过去多用木盆、木桶，用坏了可请专人来"箍"，称为"箍盆"[kʰu⁵⁵pʰun²¹]、"箍桶"[kʰu⁵⁵tʰoŋ³⁵]。家里的煮饭的锅坏了，也可通过"箍"来延长其使用年限，称为"箍铛"[kʰu⁵⁵tʃaŋ⁵⁵]或"箍煲"[kʰu⁵⁵pou⁵⁵]。

菜锅坏了不能"箍"，只能"补"[pou³⁵]。"补"是一种锢露的手艺，会锢露的人一般都会"箍"，统称为"补镬佬"[pou³⁵uɔk²lou³⁵]，"镬"即为菜锅（见图2-5）。

补鞋 [pou³⁵hai²¹]

澳门现在仍有少数补鞋匠摆地摊做生意，叫作"补鞋佬"[pou³⁵hai²¹lou³⁵]，用机器缝纫鞋子称为"车鞋"[tʃʰe⁵⁵hai²¹]。经调查，多为内地来澳门谋生的人从事此业。

鞋楦 [hai²¹hyn³³]

澳门现在还有少量传统制作皮鞋的店面，但里面的工具已基本成为摆设。"鞋楦"是制鞋的模具，用木头制成。

5-48◆海边新街

5-49◆关前正街

5-50◆澳门博物馆

做面粉公仔 [tʃou²²min²²fɐn³⁵koŋ⁵⁵tʃɐi³⁵]

"公仔"是对神话、童话以及卡通漫画中的人物、动物形象的统称。"做面粉公仔"即捏面人儿。这一手艺在澳门已基本看不到了,澳门博物馆里保留着过去"面粉公仔",颜色斑斓,形象栩栩如生。

磨刀 [mɔ²¹tou⁵⁵]

把刀锋磨利。如将刀锋崩了的部分铲掉、重开刀锋,则称为"铲刀"[tʃan³⁵tou⁵⁵]。从事"磨刀"行业的人叫作"磨刀佬"[mɔ²¹tou⁵⁵lou³⁵],过去常在街头巷里吆喝"铲刀磨绞剪"[tʃan³⁵tou⁵⁵mɔ²¹kau³⁵tʃin³⁵]。

□粟米 [tʃøt⁵ʃok⁵mɐi³⁵]

"粟米"即玉米,"□粟米"[tʃøt⁵ʃok⁵mɐi³⁵]是把玉米粒儿搓下来。

5-51◆红街市

5-52◆澳门理工学院

澳门 伍·农工百艺

5-53 ◆ 营地大街

米铺 [mɐi³⁵pʰou³³]

随着超市的普及，老式米铺现在也比较少见了。现有的大多改成小卖部或小型超市的样式，除了卖米之外，也卖水果和其他副食品，与过去的"杂货铺"[tʃap²fɔ³³pʰou³³]（见图5-54）有些相似。

杂货铺 [tʃap²fɔ³³pʰou³³]

"杂货铺"是过去专卖食品的商店，包括粮食、调料等，现在已逐渐被超市取代，很多都已经不营业了。

5-54 ◆ 澳门半岛

三 商业

5-55 ◆澳门半岛

山货铺 [ʃan⁵⁵fɔ³³pʰou³³]

"山货铺"售卖除了食品以外的其他日常用品。

金铺 [kɐm⁵⁵pʰou³³]

图5-56为老式金铺，现在已不再营业。

缸瓦铺 [kɔŋ⁵⁵ŋa³⁵pʰou³³]

"缸瓦铺"是专门售卖各种瓷器类生活用品的店铺。

5-56 ◆澳门半岛

5-57 ◆营地大街

5-60 ♦ 关前正街

5-59 ◆氹仔官也街

饼屋 [pɐŋ³⁵ŋok⁵]

"饼屋"是售卖各种点心的店铺，逢年过节、操办喜事时或平时走访亲朋好友时，澳门人都会到"饼屋"购买点心馈赠亲友。现在"饼屋"也成了游客赴澳时经常光顾的地方之一。

5-58 ◆氹仔官也街

招牌 [tʃiu⁵⁵pʰai²¹]

"招牌"的材质多为"鉎铁"[ʃeŋ⁵⁵tʰit³]的，刷成白底红字的样式，在汉字上方印有葡文。过去招牌上汉字的顺序多为从右至左（见图5-61），现在多为从左至右（见图5-60）。

5-61 ◆新桥花园

5-62 ◆水上街市

摊档 [tʰan⁵⁵tɔŋ³³]

"摊档"也叫作"摊位"[tʰan⁵⁵uɐi³⁵]，是对货摊的统称。与有门面的商店不同的是，摊档一般都没有招牌。

摆地摊 [pai³⁵tei²²tʰan⁵⁵]

"地摊"比"摊档"[tʰan⁵⁵tɔŋ³³]（见图5-62、5-63）简陋，往往是在地上铺一张垫子，便把货品摆上售卖。

地摊不一定有固定位置，有些流动的地摊所摆设的位置是不符合当地城市管理规定的，小贩随摆随走，叫作"走鬼"[tʃɐu³⁵kuɐi³⁵]。"走鬼"据说是"走啊，鬼来啊！"的简称，"走"在粤语里为"跑"义，"鬼"是对巡街执法者的不尊重的称呼。由于历史的原因，执法者多为外国人，当地老百姓将他们称为"红毛鬼"[hoŋ²¹mou²¹kuɐi³⁵]、"鬼佬"[kuɐi³⁵lou³⁵]。

5-63◆营地大街

5-64◆果栏街

5-65◆打缆前地

澳门　伍·农工百艺

153

卖雪糕 [mai²²ʃyt³kou⁵⁵]

"卖雪糕"过去是一种推着小车沿街售卖的行业。图5-66为传统卖雪糕的小车。

秤 [tʃʰeŋ³³]

传统的"秤"用得较少了，现在多用电子秤。秤的主要部件分别为"秤砣"[tʃʰeŋ³³tʰɔ²¹]、"秤勾"[tʃʰeŋ³³ŋeu⁵⁵]、"秤杆"[tʃʰeŋ³³kɔn⁵⁵]、"斤绳"[kɐn⁵⁵ʃeŋ³⁵]秤杆上用于提的绳子。

5-67 ◆大缆巷

5-66◆妈阁庙前

卖鸡公榄 [mai²² kei⁵⁵ koŋ⁵⁵ lam³⁵]

"卖鸡公榄"是一种以沿街流动的方式来售卖小食品的行业。"鸡公榄"是当地的传统零食，用橄榄腌制而成，有咸、甜、辣等数种口味。小贩身着道袍，穿戴上公鸡模型，沿街叫卖，很受儿童欢迎。

5-68◆新桥花园

澳门 伍·农工百艺

四 其他行业

5-70◆澳门博物馆

水上人家 [ʃøy³⁵ʃœŋ²²iɐn²¹ka⁵⁵]

"水上人家"指渔民，也叫作"水上人"[ʃøy³⁵ʃœŋ²²iɐn²¹]、"疍家"[tan²²ka⁵⁵]。过去他们多在船上生活，以出海打鱼、从事渔业为生，现在大部分已基本回迁到岸上生活，称为"上岸"[ʃœŋ³⁵ŋɔn²²]，集中在内港码头、水上街市一带，从事海鲜捕捞、贩售工作。"水上人家"的服饰款式简朴，颜色单调，以黑、灰、蓝居多。

澳门海事博物馆以展示仿真模型和老照片、视频等方式，展示了大量水上人家的生活面貌。图 5-70 为博物馆所收的传统渔民形象模型。

5-69◆澳门海事博物馆

渔网 [y²¹mɔŋ³⁵]

"渔网"为下海捕鱼的重要工具。

艇仔 [tʰɛŋ³⁵tʃɐi³⁵]

"艇仔"是一种比较小的渔船,多用于从事买卖生意,不用于住宿。还有一种专用于捕虾的船,称为"虾艇"[ha⁵⁵tʰɛŋ³⁵]。

5-71◆澳门海事博物馆

5-72◆义兴码头

澳门 伍·农工百艺

157

5-73 ◆庇山耶街

远和坚炭 [yn³⁵uɔ²¹kin⁵⁵tʰan³³]

　　"远和坚炭"是一家老字号的制炭、卖炭的企业,现仍在生产和营业。炭称为"木炭"[mok²tʰan³³]。

5-75◆海边新街

鱼栏 [y²¹lan⁵⁵]

"鱼栏"是澳门本地渔业批发商的统称，此处"栏"的声调读同阴平[55]。除了"鱼栏"以外，还有"虾栏"[ha⁵⁵lan⁵⁵]、"蟹栏"[hai³⁵lan⁵⁵]（见图5-74）等。然而，自20世纪80年代开始，许多"鱼栏"在经济危机的冲击下被迫关闭。时至今日全澳只剩下十多间"鱼栏"。

蟹栏 [hai³⁵lan⁵⁵]

"蟹栏"是售卖螃蟹等海产品的商铺，与"鱼栏"（见图5-75）为同行。

5-74◆海边新街

5-76◆澳门博物馆

5-78◆阿美打利庇卢大马路

蚝油庄 [hou²¹iɐu²¹tʃɔŋ⁵⁵]

"蚝" [hou²¹] 为牡蛎,"蚝油"是以牡蛎为原料熬制的调味品。"蚝油庄"是从事制作、售卖蚝油的行当。除了蚝油之外,蚝油庄也售卖其他的海产副食品,如"虾酱" [ha⁵⁵tʃœŋ³³] 小型虾类经捣碎、腌制、发酵制成的糊状调味品、"咸鱼" [ham²¹y²¹](见图 4-67、图 4-68)等。

5-77 ◆ 龙华茶楼

茶庄 [tʃʰa²¹tʃɔŋ⁵⁵]

"茶庄"是卖茶叶的地方，图5-76为澳门博物馆所收的传统茶庄模型。茶叶都是外来的，常见品种有属绿茶的"香片"[hœn⁵⁵pʰin³⁵]、"寿眉"[ʃɐu³³mei³⁵]、"六安"[lok²ŋɔn⁵⁵]和黑茶"普洱"[pou³⁵lei³⁵]等。此处"洱"的声母较特殊，与止摄日母字多读零声母的面貌有所不同，如：儿 i²¹ | 二 i²² | 而 i²¹。当地人也喝"花茶"[fa⁵⁵tʃʰa²¹]，即将花晒干后冲水喝。常见的花茶有水仙、菊花、玫瑰、茉莉等。

爆竹业 [pau³³tʃok⁵ip²]

"爆竹"指鞭炮，也叫作"炮竹"[pʰau³³tʃok⁵]、"炮仗"[pʰau³³tʃœn³⁵]，图5-79为老式鞭炮厂的旧址。澳门的爆竹业一度非常兴盛，爆竹厂经常把"搓炮仗"[tʃʰɔ⁵⁵pʰau³³tʃœn³⁵]、"□炮"[pɐn³³pʰau³³] 将单个的炮攒起来，弄成一排这两项工艺外包给居民拿回家里做，以补贴家用。从澳门博物馆设立的爆竹业展窗可窥见爆竹业往日风采。

5-79 ◆ 氹仔飞能便度街

赌场 [tou³⁵tʃʰœŋ²¹]

"赌场"讳称为"娱乐场"[y³⁵lok²tʃʰœŋ²¹],经营博彩业。如今现代的澳门赌场各处林立,金碧辉煌,通宵达旦,人声鼎沸。赌场内部设施完善,是一种集博彩、表演、餐饮、购物、住宿等为一体的大型娱乐中心,是澳门的世界名片,也是最具特色的景观之一。

5-80◆澳门威尼斯人

5-81 ◆新马路

当铺 [tɔŋ³³pʰou³³]

澳门的"当铺"是对典当行业的统称。与博彩文化相伴相生的是当下典当行业的兴盛,澳门俗语说"当铺多过米铺"。根据不同的规模、当期、利息等,典当行业有"当""按""押"三种形式,建于1917年的"德成按"(见图5-81至图5-82)曾经是澳门最大的典当行,也是硕果仅存的"按",现已成为文化会馆和典当博物馆,从中可看到过去典当业的各种用具。

5-82 ◆澳门博物馆

5-83 ◆德成按

当中 [tɔŋ³⁵tʃoŋ⁵⁵]

"当中"是当铺柜台前设的大屏风,为避免来典当的人被别人碰到而觉得尴尬,因此柜台前设立屏风保护典当人的隐私。"当中"原写作"挡中",后雅称为"当中"。此外,由于当铺的柜台往往很高(见图5-84),当物时要将物品高高举起,因此也将典当行为谑称为"举"[køy³⁵]。

5-84 ◆德成按

蝠鼠吊金钱 [fok⁵ʃy³⁵tiu³³kɐm⁵⁵tʃʰin²¹]

"当铺"和"押店"的招牌或室内往往有一只蝙蝠和一个圆圈的图案,蝙蝠粤语称为"蝠鼠"[fok⁵ʃy³⁵],与"福鼠"同音,寓意福到,圆圈与过去钱币形状相似,这个图案寓意"福鼠吊金钱"。

5-85 ◆澳门博物馆

5-86 ◆葡京路

押店 [ŋat³tim³³]

现在澳门的典当行以"押店"[ŋat³tim³³]为主,这是经营资金最小、当期最短、利息最高的典当模式,店名往往有发大财、走大运、赢大钱或卷土重来的寓意,如"大发押""顺发押""全发押""佑发押""富贵押""必胜押""百利押""得生押",等等。

5-87 ◆葡京路

5-88 ◆澳门半岛

银号 [ŋɐn²¹hou²²]

"银号"是执行银钱兑换、存放款和汇兑的机构,是现代银行的雏形,现在已停业。图5-88的"衡发银号"[hɐŋ²¹fat³ŋɐn²¹hou²²]位于一栋建筑的二层和三层,一层为"杂货铺"(见图5-54)。

与博彩业的盛行相呼应的是，澳门有着丰富多彩的博彩游戏，有些是极具地方特色的，如"跑狗"[pʰau³⁵kɐu³⁵]赛狗；过去一些传统的博彩活动已进入现代娱乐场，如"择⸗色仔"[tʃak²ʃek⁵tʃɐi³⁵]掷色子、"大细"[tai²²ʃɐi³³]猜色子点数大小的游戏、"鱼虾蟹"[y²¹ha⁵⁵hai³⁵]等；而有的博彩游戏受地点、道具、游戏规则的限制，已逐渐退出舞台，如"辘钱牛"[lok⁵tʃʰin²¹ŋɐu²¹]。遗憾的是，随着时代的发展，一些道具简易或无道具的儿童游戏以及手工自制玩具在现实生活中难觅踪迹，而被代之以电动、电玩游戏。如"捉衣⸗因⸗"[tʃok⁵i⁵⁵iɐn⁵⁵]捉迷藏、"耍盲鸡"[ʃa³⁵maŋ²¹kɐi⁵⁵]一人蒙着眼睛去逮其他人、"麻鹰捉鸡仔"[ma²¹iɐŋ⁵⁵tʃok⁵kɐi³⁵tʃɐi³⁵]老鹰抓小鸡、"拗手瓜"[ŋau³⁵ʃɐu³⁵kua⁵⁵]扳手腕、"扯大缆"[tʃʰɛ³⁵tai²²lam²¹]拔河、"玩绳"[uan³⁵ʃɐŋ³⁵]用手翻绳子变出各种花样、"口子"[ua³⁵tʃi³⁵]拾子儿、"打波子"[ta³⁵pɔ⁵⁵tʃi⁵⁵]玩玻璃弹珠、"拍公仔纸"[pʰak³koŋ⁵⁵tʃɐi³⁵tʃi³⁵]拍洋画、"片水花"[pʰin³⁵ʃøy³⁵fa⁵⁵]把石子投掷到水面上形成连续不断的水花、"跳单脚"[tʰiu³³tan⁵⁵kœk³]双手抓住一只脚腕，另一只脚跳着和对方相撞、"跳橡筋

陆·日常活动

绳"[tʰiu³³tʃœn²²kɐn⁵⁵ʃeŋ³⁵]跳皮筋、"跳飞机"[tʰiu³³fei⁵⁵kei⁵⁵]跳房子、"跳马骝"[tʰiu³³ma³⁵lɐu⁵⁵]跳马、"玩煮饭仔"[uan³⁵tʃy³⁵fan²²tʃei³⁵]过家家、"十字解豆腐"[ʃep²tʃi²²kai³⁵tɐu²²fu²²]画一个正方形,一人站在一个角上,踢石子互相追,等等。所幸澳门博物馆搜集了部分游戏的影像数据,可供参考。

《中华人民共和国澳门特别行政区基本法》第三章第三十四条规定:"澳门居民有信仰的自由。""澳门居民有宗教信仰的自由,有公开传教和举行、参加宗教活动的自由。"在澳门人的日常生活里,信奉活动占据着很重的分量,尤其是在与婚育丧葬相关的各种仪式以及中国传统节日中更为明显。从内容来看,以中国民间传统的信奉活动为主,也有来自其他国家的宗教类型,如天主教、基督教、伊斯兰教等,多种多样,和而不同。可以说,民间信奉活动已成了澳门民众日常生活的重要内容,也是澳门方言文化的重要特点。

一起居

大食会 [tai²²ʃek²ui³⁵]

"大食会"是聚餐的统称。如果不认识的人凑在同一张桌上吃饭，叫作"搭台"[tap³tʰɔi²¹]，占座儿称为"□台"[ŋa²²tʰɔi³⁵]，"台"此处读 [35] 调，是变调。

"吃饭"叫 [hɐk³fan²²]，"吃"还有一个更土俗的音 [iak³]，所以"吃饭"也叫 [iak³fan²²]。现在年轻人一般都说"食饭"[ʃek²fan²²]，显得比较文雅。

6-1 ◆大三巴哪吒庙

敬酒 [keŋ³³tʃɐu³⁵]

"敬酒"是"大食会"[tai²²ʃek²ui³⁵]（见图6-1）必不可少的环节。敬酒时，干杯称为"饮胜"[iɐm³⁵ʃeŋ³³]，"胜"可能是口彩，因避讳说"干"所致；随意喝一点儿叫作"随量"[tʃʰøy²¹lœŋ³⁵]。嗜酒成性叫作"烂饮"[lan²²iɐm³⁵]。此外，为了多喝酒而四处向人敬酒的行为称为"□酒饮"[ŋak⁵tʃɐu³⁵iɐm³⁵]，"□"[ŋak⁵]是欺骗的意思。

6-2◆大三巴哪吒庙

6-3 ◆龙华茶楼

饮早茶 [iɐm³⁵tʃou³⁵tʃʰa²¹]

"饮早茶",即到茶楼、酒店喝茶、吃点心,现在还包括食用小蒸笼蒸制而成的荤点。(见图6-4)饮早茶不仅是为了进餐,也是当地人的生活习惯,还是一种重要的交际方式。"饮咗茶未"[iɐm³⁵tʃɔ³⁵tʃʰa²¹mei²²]喝茶了吗已成了人们见面的寒暄语,相当于北方的"吃了吗?"。

"早茶"开始的时间不一定早,人们常常上午九十点才到茶楼里去。过去饮早茶时,常点上"一盅两件"[iɐt⁵tʃoŋ⁵⁵lœn³⁵kin²²]。所谓"一盅",就是一壶茶配上一个茶盅,饮茶入座后,常说"开壶茶"[hɔi⁵⁵u²¹tʃʰa²¹],即上一壶茶。所谓"两件",指两样点心。现在还有"饮夜茶"[iɐm³⁵iɛ²²tʃʰa²¹],相当于吃宵夜。

6-4 ◆龙华茶楼

食大辘竹 [ʃek²tai²²lok⁵tʃok⁵]

"食大辘竹"也叫作"食水烟"[ʃek²ʃøy³⁵in⁵⁵],即吸水烟。"大辘竹"是大段竹子的意思,顾名思义,水烟的烟筒是竹子制成的,长约一米,将竹节弄穿,竹子中间开个小孔,斜插上一根手指般大的小竹筒作为烟嘴,便成了水烟筒。吸水烟时,灌上半竹筒清水,将烟丝按在烟嘴上,边对着烟丝点火,边将嘴巴贴着竹筒上端的筒口猛吸,发出"咕噜咕噜"的响声。

随着香烟的普及,现在吸水烟的人越来越少了。

6-5 ◆三角花园

敲凉 [tʰeu³⁵lœŋ²¹]

指乘凉。澳门常年天气炎热,人们在大树下乘凉、聊天是一种重要的休闲方式。

街市 [kai⁵⁵ʃi³⁵]

"街市"是对市场的统称,到街市买东西称为"逛街"[kʰuaŋ³³kai⁵⁵]或"行街"[haŋ²¹kai⁵⁵],"逛"读送气声母,读音特殊。

过去商业不发达时有集市,赶集叫作"趁圩"[tʃʰen³³høy⁵⁵]。现在逢年过节会在较大的广场里有大型集市售卖当季物品,如春节的"年宵市场"[lin²¹ʃiu⁵⁵ʃi³⁵tʃʰœŋ²¹]。(见图8-8)

6-6 ◆风顺堂

6-7 ◆鸭巷

6-10◆澳门博物馆

粤剧 [yt²kʰɛk⁵] | 粤曲 [yt²kʰɔk⁵]

粤剧、粤曲颇受澳门中老年人的青睐。当地有多个曲艺社团,"发烧友"常聚在一起排练曲目,在政府、企业和基金会的资助下,民间爱好者还会自发组织自建临时"戏棚"[hei³³pʰaŋ²¹]登台表演;在庆祝各路神仙诞辰的仪式里,都会邀请戏班子出演"神功戏"[ʃen²¹koŋ⁵⁵hei³³](见图 8-62)。澳门人将农历九月二十八奉为"华光诞"[ua²¹kɔŋ⁵⁵tan³³](见图 6-31、6-32),是当地戏曲爱好者的盛会。

过去还有木偶粤剧(见图 6-10),用木偶表现、真人配音的方式来展现粤剧剧本的故事情节,现在已很难看到此类表演。

6-8◆白鸽巢公园

6-9 ◆ 金碧文娱中心

6-11◆新桥花园

二 娱乐

着棋 [tʃok⁵kʰei³⁵]

"着棋"是下棋的统称,此处"着"与"捉"同音,"棋"读 [35] 调,是变调。在各式棋类里,现以"着象棋"[tʃok⁵tʃœŋ²²kʰei³⁵]最为常见,并设有"象棋会"[tʃœŋ²²kʰei³⁵ui³⁵]供象棋爱好者互相切磋。

过去"五子棋"[m³⁵tʃi³⁵kʰei³⁵]、"玻子棋"[pɔ⁵⁵tʃi³⁵kʰei³⁵]弹子棋和"飞行棋"[fei⁵⁵hɐŋ²¹kʰei³⁵]等棋种也很受人们欢迎,现在随着娱乐形式的多样化,在公共场合难以看到有人玩上述几类棋类游戏了。

打蟀 [ta³⁵tʃøt⁵]

"打蟀"也叫作"斗蟀"[tɐu³³tʃøt⁵],图 6-12 为澳门博物馆所收的斗蟋蟀的器具。现在已较难看到这一游戏。

6-12◆澳门博物馆

打麻雀 [ta³⁵ma²¹tʃœk³]

"打麻雀"又叫作"打四方城"[ta³⁵ʃei³³foŋ⁵⁵ʃeŋ²¹],即打麻将,此处"雀"的声母读同精母,与普通话"雀"[tɕʰye⁵¹]读同清母有所不同。

当地通行的打法是"鸡和"[kɐi⁵⁵u³⁵]和"平和"[pʰeŋ²¹u²⁵],主要区别在于,"鸡和"可以碰、吃、杠;"平和"不能碰,但可以吃、杠。在"鸡和"中,自摸称为"大鸡"[tai²²kɐi⁵⁵];在"平和"中,自摸称为"自摸平"[tʃi²²mo⁵⁵pʰeŋ²¹]。

6-13 ◆ 九澳村

6-14 ◆ 邝荣发先生提供

6-15 ◆ 荣兴彩票

白鸽票 [pak²kap³piu⁵⁵]

"白鸽票"是在澳门通行时间较长的中式彩票。票面将《千字文》中从"天、地、玄、黄"到"鸟、官、人、皇"共计 80 个字印在纸上,投买者用毛笔圈出 10 个字为一票,(见图 6-14)庄家一次开 20 个字,以中字多少来决定是否获奖以及获奖的等级。最早是由白鸽从写有 80 个字的纸团里衔出 20 个纸团来开奖,故而得名"白鸽票"。现在改良为"电脑白鸽票"[tin²²lou³⁵pak²kap³piu⁵⁵],用计算机程序摇珠出号,并设有专门的购买点。(见图 6-15)

此处"票"读同"镖",声母不送气,声调读同阴平 [55],比较特殊。

十五和 [ʃep²m³⁵u³⁵]

"十五和"也叫"钓鱼"[tiu³³y³⁵]，是当地很受欢迎的一种纸牌游戏。

6-16 ◆ 白鸽巢公园

6-17 ◆白鸽巢公园

玩□ [uan³⁵pʰɛ⁵⁵]

"玩□" [pʰɛ⁵⁵]指打扑克，"□" [pʰɛ⁵⁵]应为英语 pair 的音译。当地通行的玩法有"十点半"[ʃɐp²tim³⁵pun³³]、"捞乌龟"[tʃʰim²¹u⁵⁵kuɐi⁵⁵]、"□棉胎"[kʰɐm³⁵min²¹tʰɔi⁵⁵]盖棉被、"锄大□"[tʃʰɔ²¹tai²²ti³⁵]、"十三张"[ʃɐp²ʃam⁵⁵tʃœŋ⁵⁵]、"话事□"[ua²²ʃi²²pʰɛ⁵⁵]、"打三公"[ta³⁵ʃam⁵⁵koŋ⁵⁵]等。

扑克牌面的叫法与北方地区有所不同。黑桃叫作"葵扇"[kʰuɐi²¹ʃin³³]，红桃叫作"红心"[hoŋ²¹ʃɐm⁵⁵]，梅花仍然叫作"梅花"[mui²¹fa⁵⁵]，方块叫作"街砖"[kai⁵⁵tʃyn³⁵]。牌面 J[tʃek⁵]、Q[løy⁵⁵]"女"的音变、K[kʰeŋ⁵⁵]统称为"公仔"[koŋ⁵⁵tʃɐi³⁵]，A 叫作"烟⁼"[in⁵⁵]Ace 的音译；大王、小王分别叫作"大鬼"[tai²²kuɐi³⁵]、"细鬼"[ʃɐi³³kuɐi³⁵]。

打扑克时有一些特殊的用语。例如，若双方牌面相同，称为"影相"[ieŋ³⁵ʃœŋ³⁵]照相；牌面花色不同的顺子称为"连蛇"[lin²¹ʃɛ²¹]；花色相同的则称为"同花顺"[tʰoŋ²¹fa⁵⁵ʃøn²²]；当同花顺的牌面为"AKQJ10"时，称为"黄袍旗"[uɔŋ²¹pʰou³⁵kʰei²¹]；在比较牌面的花色或点数的大小时，若庄家、闲家牌面或点数相同，则计为庄家赢，这种规则称为"食夹棍"[ʃek²kap³kuɐn³³]；等等。

玩高跷 [uan³⁵kou⁵⁵kʰiu³⁵]

"玩高跷"是过去很受儿童喜爱的游戏之一，现在日常生活中已经很少有人玩了。过去的道具比较简单，是拿两个"□"[mɐk⁵]_{量杯}拴到两条棍子上做成，人踩到量杯底部再挂着棍子行走。

6-18♦氹仔龙环葡韵

康乐棋 [hɔŋ⁵⁵lɔk²kʰei³⁵]

"康乐棋"是一种新兴的双人棋类游戏，用专用的棋桌、球杖来进行。对抗时由双方轮流射棋，率先将对方的棋全部射入洞中者为胜。

6-19♦白鸽巢公园

6-20◆大三巴牌坊

葡国土风舞 [pʰou²¹kɔk³tʰou³⁵foŋ⁵⁵mou³⁵]

"葡国土风舞"是一种源自葡萄牙农村地区,将唱歌、奏乐和舞蹈融于一体的舞蹈。这种舞蹈虽从葡萄牙传入,但在澳门经过多年的传承发展,今天在舞台上演绎的除了葡萄牙人外,还有中国人、土生葡人,甚至印度人、菲律宾人等,已成为澳门独特的文化现象。

跑狗 [pʰau³⁵kɐu³⁵]

"跑狗"即赛狗,是澳门最流行的博彩活动之一,带有很强的观赏性。最开始放出一只围绕着椭圆形跑道奔驰的机械诱饵——电兔,然后由一组狗去追逐这只电兔,竞猜哪一只狗或哪一组狗能获胜。

6-21◆白朗古将军马路

三 信奉

妈祖 [ma³⁵tʃou³⁵]

"妈祖"又称为天后 [tʰin⁵⁵heu²²]，是澳门人，尤其是渔民和海上作业者共同信奉的神祇。此处"妈"读上声 [35] 调。澳门现有多座供奉妈祖的庙宇，而且多为百年以上。

6-22 ◆路环天后古庙

妈阁庙 [ma³⁵kɔk³miu²²]

"妈阁庙"是供奉"妈祖"[ma³⁵tʃou³⁵]的庙宇,也是澳门香火最为旺盛的寺庙之一。据说,在明代,葡萄牙人从妈阁庙附近海域登陆,向当地人询问地名,当地人回答为"妈阁"[ma³⁵kɔk³],遂按音译将澳门称为 Macau。

6-23 ◆ 妈阁庙前地

6-24 ◆女娲庙

女娲庙 [løy³⁵uɔ⁵⁵miu²²]

女娲庙是供奉"女娲娘娘"[løy³⁵uɔ⁵⁵lœŋ²¹lœŋ²¹]的庙宇。20世纪初,女娲庙旁边的店铺起火,累及女娲庙也被烧毁半壁。后由风尘女子筹资修建,以求往生后得以超度。现当地"善信"[ʃin³³ʃøn³³]信奉者认为女娲庙有消灾转运之用,每逢正月二十"女娲诞"[løy³⁵uɔ⁵⁵tan³³]时,有道士作法,香火旺盛。

太岁 [tai³³ʃøy³³]

当地人认为，"太岁"具有能在冥冥之中支配和影响人命运的力量。由于"太岁"位高权重，当地人对他都非常敬畏，惟恐触怒了他而于己不利。为避免得罪"太岁"神，在冲犯"太岁"之年必须在新年开春期间拜祭他，以祈求新的一年平安顺利、逢凶化吉。

6-25 ◆ 莲溪新庙

大肚佛 [tai²²tʰou³⁵fɐt²]

"大肚佛"即弥勒佛。过去"水上人家"[ʃøy³⁵ʃœn²²iɐn²¹ka⁵⁵]渔民（见图5-69）认为祭拜大肚佛可以求子。

6-26 ◆ 普济禅院

6-28♦美副将大马路

观音堂 [kun⁵⁵iɐm⁵⁵tʰɔŋ²¹]

"观音堂"的正名为"普济禅院"[pʰou³⁵tʃei³³ʃim²¹yn³⁵],是澳门三大古刹之一,建于明代末年,历史悠久,建筑雄伟。

6-27♦普济禅院

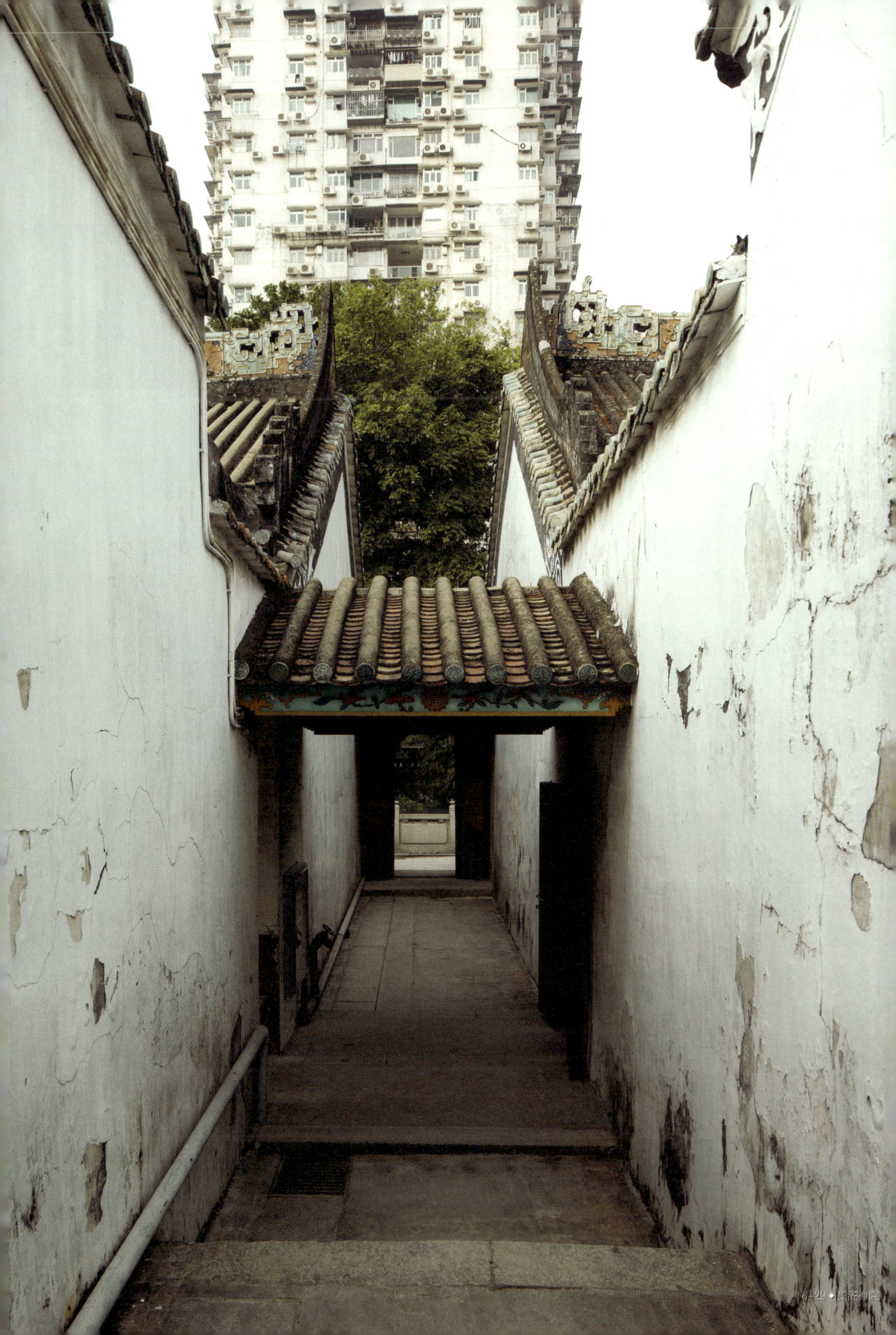

6-31 ◆澳门半岛

6-32 ◆大缆巷

华光诞 [ua²¹kɔŋ⁵⁵tan³³]

农历九月二十八为"华光诞"，是祭奠"华光帝"（见图6-33）的活动，也是当地戏曲爱好者的盛会。当日有大规模的"华光帝"圣像的出巡活动，当地各曲艺协会簇拥在出巡队伍中，还有人专门饰演成八仙道贺（见图6-32），热闹非凡。

莲溪新庙 [lin²¹kʰei⁵⁵ʃen⁵⁵miu²²]

"莲溪新庙"是供奉"华光帝"[ua²¹kɔŋ⁵⁵tei³³]（见图6-33）的行宫庙宇。此外，还供奉着"太岁"[tai³³ʃøy³³]（见图6-25）等其他当地人信奉的偶像。

6-30 ◆大缆巷

6-33 ◆莲溪新庙

6-36 ◆路环黑沙

华光帝 [ua²¹koŋ⁵⁵tɐi³³]

华光帝，又称为"三眼华光"[ʃam⁵⁵ŋan³⁵ua²¹koŋ⁵⁵]，当地人认为是梨园戏班所尊奉的保护神，但目前信奉者不局限于戏曲从业者，也包括当地居民。

大王庙 [tai²²uoŋ²¹miu²²]

"大王庙"坐落于路环黑沙村，是村里最大的庙宇。

康公庙 [hɔŋ⁵⁵koŋ⁵⁵miu²²]

"康公庙"是供奉"康公"[hɔŋ⁵⁵koŋ⁵⁵]（见图 6-34）的庙宇，"康公"为汉代帅才李烈。

6-34 ◆康真君庙

6-35 ◆十月初五街

北帝庙 [pɐk⁵tei³³miu²²]

"北帝庙"是供奉真武大帝的庙宇。

6-37 ◆氹仔地堡街

6-40 ◆路环水泉公地

土地 [tou³⁵tei²²]

"土地"是澳门人很崇敬的神,一般包括土地公公和土地婆婆(见图6-38),在街头巷尾,能看到多个人们自发建立的、用于供奉土地的庙宇、祠堂、神社,有些仅为简单的小型建筑(见图6-39),有些地方写作"社官"[ʃɛ³⁵kun⁵⁵](见图6-40),或土地与社稷神位并举,其所在之处香火旺盛,信奉者众多。

6-38 ◆澳门半岛

6-39 ◆渡船街

6-42◆福隆新街

门口土地 [mun²¹hɐu³⁵tʰou³⁵tei²²]

澳门人对"土地"的崇拜还表现在几乎家家户户都有"门口土地"的牌位上,这已成为澳门街头的一道独特的风景线。"门口土地"是统称,上有"天官赐福"[tʰin⁵⁵kun⁵⁵tsʰi³³fok⁵],下有"土地财神"[tʰou³⁵tei²² tsʰoi²¹ʃen²¹]。(见图6-41、6-42)逢年过节还有祭拜门口土地的风俗。(见图6-43)

6-41◆沙梨头街

6-43◆瑰花里

6-44◆德成按

6-45◆九澳

地主 [tei²²tʃy³⁵]

"地主"即为本地开基之主,也是土地信仰的表现。地主的神位一般设在民居、商铺的神龛下方,(见图6-45)配有长明灯和贡品。

财神 [tsʰɔi²¹ʃen²¹]

澳门的商业和博彩业发达,"财神"在当地很受敬重,被视为家庭与产业的保护神;在寺庙、树下会摆设有财神神位或神像,供人祭拜。从商铺到普通家庭,每家每户的"门口土地"的牌位上将"财神"与"土地"并举,称为"门口土地财神"[mun²¹heu³⁵tʰou³⁵tei²² tsʰɔi²¹ʃen²¹](见图6-48)。

6-48◆凤顺堂

6-46◆莲溪新庙

6-47◆土地庙前地

城隍 [ʃeŋ²¹uɔŋ²¹]

澳门似无城隍庙，但在巷口处可偶尔见到小型的祭祀台。

6-49◆澳门李劼

门神 [mun²¹ʃen²¹]

"门神"常常成对儿画在或贴在门上，因此又称为"左右门神" [tʃɔ³⁵ieu²² mun²¹ʃen²¹]。当地不少家庭在过年时有贴门神的风俗。（见图 8-5）

6-50◆氹仔天后宫

6-51◆河边新街

祠堂 [tʃʰi²¹tʰɔŋ²¹]

澳门的祠堂很多，但已非祭祖或商议事务的场所，主要用于祭祀"土地"[tou³⁵tei²²]（见图6-38至图6-40），与土地庙的功能大致相同。

6-52 ◆永乐社

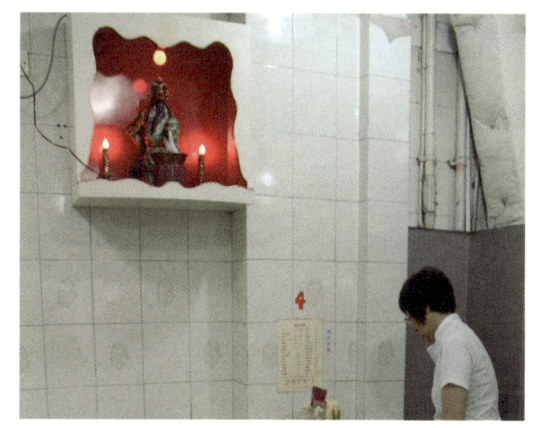

6-53 ◆澳门半岛

关公 [kuan⁵⁵koŋ⁵⁵]

"关公"也称为"关帝"[kuan⁵⁵tei³³],关公神像有文、武两种。文像不持长刀兵器,被认为是财神的象征,很多商铺设有关公的"神龛"[ʃen²¹ŋem⁵⁵](见图6-53);武像持长刀(见图6-52),有神勇英武、保佑平安的寓意。

神龛 [ʃen²¹ŋem⁵⁵]

"神龛"是供奉神像的小阁,通常备有长明灯、蜡烛和香炉。图6-53供奉的是"关公"(见图6-52)。

神台 [ʃen²¹tʰɔi²¹]

"神台"是摆设在神像前的长案,用于摆放各类贡品。盛放贡品的专用盘子叫作"托盘"[tʰɔk³pʰun²¹],一般为木质,多刷成红色。

油灯 [ieu²¹teŋ⁵⁵]

"油灯"指寺庙里用于供奉神灵的灯,其用"生油"[ʃaŋ⁵⁵ieu²¹]生榨的花生油作为燃料。

6-54 ◆路环天后古庙

6-55 ◆莲溪新庙

澳门 陆·日常活动

6-56 ◆ 雀仔园福德祠

6-57 ◆ 莲溪新庙

香炉 [hœŋ⁵⁵lou²¹]

焚香的器具，多用金属制成。

添香油 [tʰim⁵⁵hœŋ⁵⁵iɐu²¹]

香和生油是寺庙里耗费最多的材料，寺庙里的开支用度婉称为"香油" [hœŋ⁵⁵iɐu²¹]，信奉者为寺庙募捐钱物则称为"添香油"。

圣杯 [ʃeŋ³³pui⁵⁵]

"圣杯"是一种木质的占卜工具，呈半月形。用圣杯占卜称为"□圣杯" [tɐŋ³³ʃeŋ³³pui⁵⁵] 掷圣杯，以圣杯落下时的正反形态等来占卜吉凶。

化宝 [fa³³pou³⁵]

指在"宝盆" [pou³⁵pʰun²¹] 用于燃烧纸质祭品的桶装容器，一般是铁质的里烧纸质祭品。

6-58 ◆ 凤顺堂福德祠

6-59 ◆ 澳门金沙娱乐场

6-60 ◆康真君庙

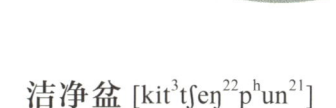

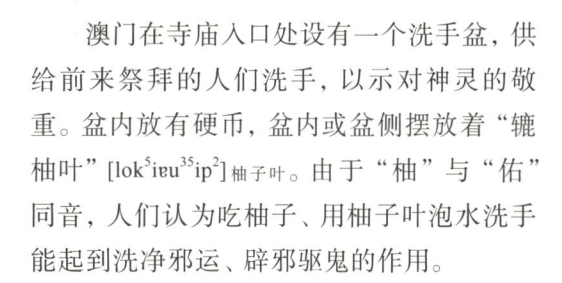

6-62 ◆普济禅院

护身符 [u²²ʃɐŋ⁵⁵fu²¹]

　　信奉者常在寺庙里求护身符，以求平安。

洁净盆 [kit³tʃeŋ²²pʰun²¹]

　　澳门在寺庙入口处设有一个洗手盆，供给前来祭拜的人们洗手，以示对神灵的敬重。盆内放有硬币，盆内或盆侧摆放着"辘柚叶"[lok⁵iɐu³⁵ip²]柚子叶。由于"柚"与"佑"同音，人们认为吃柚子、用柚子叶泡水洗手能起到洗净邪运、辟邪驱鬼的作用。

香塔 [hœŋ⁵⁵tʰap³]

　　"香塔"是一种螺旋状的香，盘旋而起与塔的形状相似。香塔一般悬挂于寺庙内殿入门处，上面用红纸写上信奉者的祈愿。

6-61 ◆普济禅院

6-63 ◆ 匙羹里

八卦 [pat³kua³³]

"八卦"悬挂于面向路口的方向,当地信奉者认为有挡煞辟邪之用。

6-64 ◆ 观音莲花苑

钟馗 [tʃoŋ⁵⁵kʰuɐi²¹]

钟馗像被认为是一种辟邪驱魔的法器。

6-65 ◆旺丁社

挡煞镜 [toŋ³⁵ʃat³kɛŋ³³]

"挡煞镜"指悬挂在家门附近的镜子。澳门人把大门称为"门口"[mun²¹hɐu³⁵]，很重视门口的风水。除了安放"门口土地"（见图6-41至6-43）以外，还会摆设一些辟邪求福的物品。比如，若家里的门、窗对着马路口，或正门与其他人家的正门相对，这被认为是一种不吉利的现象，叫作"冲正"[tʃʰoŋ⁵⁵tʃɛŋ³³]，须在门口悬挂"挡煞镜"、"钟馗"[tʃoŋ⁵⁵kʰuɐi²¹]、（见图6-65）"八卦"[pat³kua³³]（见图6-63、图6-64）等来化解厄运。

6-66 ◆旺丁社

石敢当 [ʃɛk²kɐm³⁵tɔŋ⁵⁵]

"石敢当"丰富多样,有的是在一块原色的石料上,用红字写着"石敢当"或"泰山石敢当"[tai³³ʃan⁵⁵ʃɛk²kɐm³⁵tɔŋ⁵⁵],(见图6-67、图6-68)有的是在一块红色的石碑上,写着"泰山石敢当"。(见图6-69)

当地信奉者认为,石敢当有辟邪、驱鬼、保平安的强大力量,多安放在路口、村口、寺庙入口等处,都是犯"冲正"[tsʰoŋ⁵⁵tʃɛŋ³³]的方位。石敢当跟其他神灵一样"参花挂红"[tsʰam⁵⁵fa⁵⁵kʰua³³hoŋ²¹](参见图8-4、8-6),有的还配以蝙蝠浮雕,(见图6-69)寓意福气吉祥。

石敢当行台 [ʃɛk²kɐm³⁵tɔŋ⁵⁵hɐŋ²¹tʰɔi²¹]

"石敢当行台"是一间以供奉姜太公为主的庙宇,庙主认为"石敢当"为姜太公的封号。

6-70 ◆桥巷

6-67 ◆澳门半岛

6-68 ◆九澳

6-69 ◆大三巴斜巷

6-71 ◆疯堂斜巷

6-73 ◆路环

6-72 ◆ 路环

教堂 [kau³³tʰɔŋ²¹]

　　由于葡萄牙崇尚天主教信仰，葡据时期，澳门兴建了多处天主教堂，教堂气势恢宏，造型各异，雕工精美，带有鲜明的欧式建筑风格，与中国传统的民间信仰建筑的小巧精致形成了强烈对比。

　　"大疯堂"[tai²²foŋ⁵⁵tʰɔŋ²¹]（图6-71），也为"望德圣母堂"[mɔŋ²²tɐk⁵ʃeŋ³³mou³⁵tʰɔŋ²¹]，是一座南欧风格特色的天主教教堂，专为收留麻风病人而建设，故而得名"大疯堂"，后以其为中心的一片区域被称为"疯堂区"[foŋ⁵⁵tʰɔŋ²¹kʰøy⁵⁵]，雅称为"望德坊区"，现在是澳门半岛的创意文化区。此外，澳门半岛还有"玫瑰堂"[mui²¹kuei³³tʰɔŋ²¹]、"主教山小堂"[tʃy³⁵kau³³ʃan⁵⁵ʃiu³⁵tʰɔŋ²¹]、"圣老楞佐堂"[ʃeŋ³³lou³⁵leŋ²¹tʃɔ³⁵tʰɔŋ²¹]、"圣安多尼堂"[ʃeŋ³³ŋɔn⁵⁵tɔ⁵⁵lei²¹tʰɔŋ²¹]等著名的教堂。氹仔、路环也有多座教堂。图6-72"天主堂"[tʰin⁵⁵tʃy³⁵tʰɔŋ²¹]、图6-73"七苦圣母堂"[tʃʰɐt⁵fu³⁵ʃeŋ³³mou³⁵tʰɔŋ²¹]都位于路环。

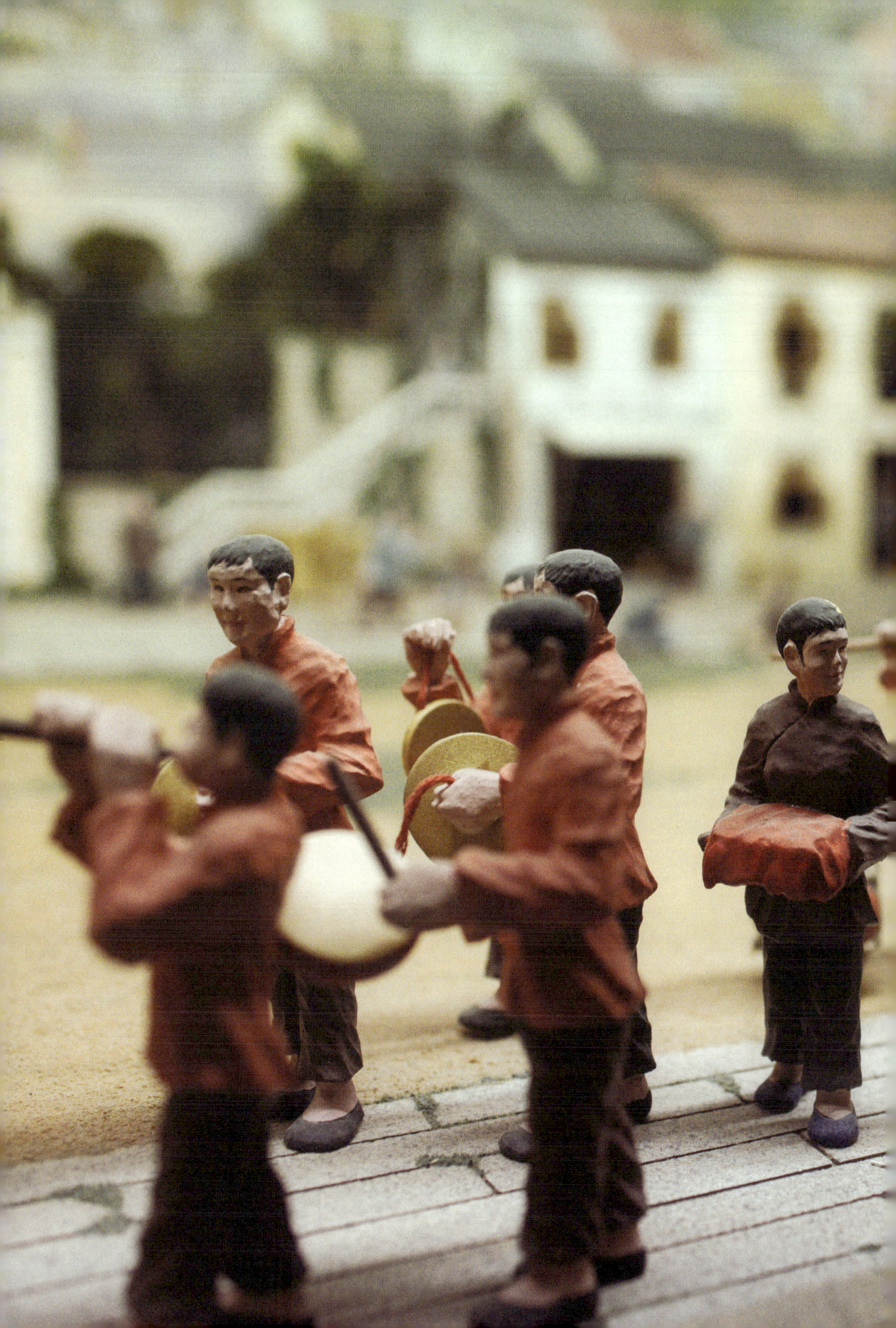

柒·婚育丧葬

与过去相比，澳门的现代婚丧仪式体现出"简化"的特点。例如，过去婚前有"夹八字"[kap³pat³tʃi²²]合八字的习俗，现在崇尚恋爱自由，许多人都放弃了这一做法。又如，澳门人把送终称为"担幡买水"[tam⁵⁵fan⁵⁵mai³⁵ʃøy³⁵]，是因为过去在长者往生后，由"孝子"[hau³³tʃi³⁵]长子手拿招魂幡，在"喃么佬"[lam²¹mɔ²¹lou³⁵]道士的指引下，到指定的井边

或河边,投掷钱币后,打水回家为逝者洗脸、擦身,而后入殓,举行丧礼。现在仪式简化了,只在殡仪馆里用井水为逝者擦脸,以示送别。

有些仪式还融入了西方的礼俗特点。例如,目前婚礼中式、西式的仪式兼备,在婚宴过后,闹洞房的仪式被年轻人以聚会等娱乐方式所取代。

一
婚
事

龙凤鈪 [loŋ²¹foŋ³³ŋak³⁵]

娘家会为女儿准备一整套的金饰作为嫁妆，包括"颈链"[keŋ³⁵lin³⁵]项链、耳环、戒指等。在这些陪嫁首饰里，至少有一对"龙凤鈪"，即以龙、凤为花案的手镯。（见图7-2）除了娘家以外，婆家和其他亲友也会送龙凤镯给新娘作为随礼。

7-2◆荷兰园　　　　　7-1◆荷兰园

过礼礼篮 [kɔ³³lei³⁵lei³⁵lam²¹]

下聘礼叫作"过大礼"[kɔ³³tai²²lei³⁵]。过去聘礼种类很丰富，有礼金盒（内有礼金、首饰、喜果、青姜、槟榔、扁柏、红头绳）、礼饼、龙凤饼、龙凤烛、对联、椰子（见图7-4）、"京果"[keŋ⁵⁵kɔ³⁵]（包括龙眼干、荔枝干、花生、核桃等）、"油麻茶礼"[ieu²¹ma²¹tʃʰa²¹lei³⁵]（茶叶和芝麻的统称）、海味（例如发菜、鲍鱼、蚝豉、元贝、冬菇、鱼翅及鱼肚）、三牲（包括公鸡、母鸡各两只，活鱼四条，猪肉五斤）、酒。

现在都到婚庆店购买现成的"过礼礼篮"，礼篮的物品是传统聘礼的简化，礼饼则去购买"饼□"[peŋ³⁵kʰat³]饼卡代替，（见图7-5）海味、三牲和酒都用"利是"[lei²²ʃi²²]红包代替。

7-3◆关前街

7-4 ◆关前街

有爷有子 [iɐu³⁵iɛ²¹iɐu³⁵tʃi³⁵]

在聘礼中，会准备一个印着"囍"字的椰子，男方为女方下聘礼称为"过大礼"[kɔ³³tai²²lɐi³⁵]，在椰子壳上印上红色"囍"字，寓意"有爷有子"。

7-5 ◆荷兰园

饼□ [pɛŋ³⁵kʰat³]

即"饼卡"。"□"[kʰat³]是英语"card"的音译。过去结婚有向亲友派发点心的风俗，男方一般派发"煎堆"（见图8-12），女方则派发"嫁女饼"（见图7-6、图7-7）。现在多由女方向亲友派发饼家印制的饼卡，宾客可到"饼屋"[pɛŋ³⁵ŋok⁵]（参见图5-58、图5-59）自取点心。

7-6 ◆荷兰园

嫁女饼 [ka³³løy³⁵pɛŋ³⁵]

"嫁女饼"由娘家购买、派发，根据酥皮的颜色，品种分为"黄绫"[uɔŋ²¹lɛŋ²¹]、"白绫"[pak²lɛŋ²¹]、"红绫"[hoŋ²¹lɛŋ²¹]（见图7-6）等，"黄绫"为豆沙馅儿的，"红绫"为莲蓉馅儿的，"白绫"以白糖、五仁为馅儿（见图7-7）。据说以"绫"称呼婚嫁礼饼，是因为"绫"是衣料中较为华贵的一类，以此借喻出嫁的女儿身份高贵，希望夫家能珍惜。

7-7 ◆荷兰园

新郎哥 [ʃen⁵⁵lɔŋ²¹kɔ⁵⁵]

新郎现在多穿着西服，胸前佩戴礼花。但新人礼服店里仍有传统中式的"长衫"[tʃʰøŋ²¹ʃam⁵⁵]和"卜帽"[pok⁵mou²²]中式礼帽出售。

7-11◆荷兰园

枕头 [tʃem³⁵tʰeu²¹]

过去嫁妆里都备有枕头，图7-8为新兴的抱枕样式。

子孙桶 [tʃi³⁵ʃyn⁵⁵tʰoŋ³⁵]

"子孙桶"是传统嫁妆之一，主要为印有"囍"字的痰罐、木桶、脚盆等用具。

7-8◆关前街

7-9◆关前街

新娘 [ʃɐn⁵⁵lœŋ²¹]

新娘出嫁时穿红色的中式礼服，上面用金色、银色的线绣上龙、凤的图案，称为"裙褂"[kʰuɐn²¹kʰua³⁵]，"褂"的声母送气。除了裙褂以外，新娘的头饰、鞋子也都是红色的。

在出嫁当日零时，新娘的母亲会为女儿梳头，对女儿婚后的生活寄予美好祝愿。这种梳头仪式，是对过去"上头"[ʃœŋ³⁵tʰɐu²¹]仪式的简化和延续。

7-12◆荷兰园

子孙尺 [tʃi³⁵ʃyn⁵⁵tʃʰɛk³]

女方的嫁妆里有梳子、镜子等梳妆用品，还会有一把尺子，口彩叫"子孙尺"，上面印着"百子千孙"等吉利话。

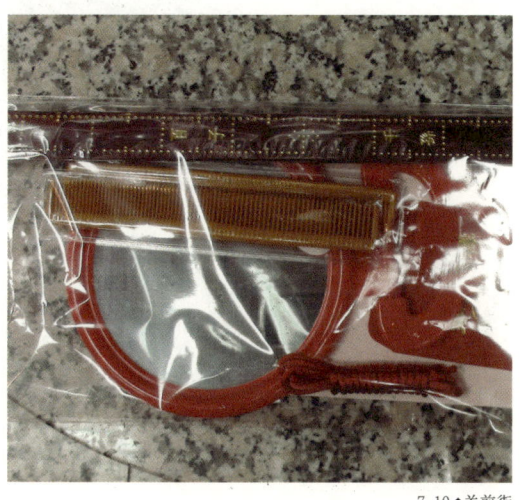

7-10◆关前街

7-13 ◆荷兰园

7-14 ◆荷兰园

踢轿门 [tʰɛk³kʰiu³⁵mun²¹]

　　新郎接新娘时，必须接受女方亲友的种种考验，并向女方家长承诺会善待新娘，方得以见到新娘。由于过去新娘子是坐轿子出阁的，新郎须在轿门前说尽好话才能赢得美人芳心，甘愿拜堂，因此，这种类似拦门的仪式称为"踢轿门"。

　　新娘也会邀请几位未婚的亲友充当"伴娘"[pun²²lœn²¹]。伴娘身着统一礼服，（见图7-13、7-14里穿蓝裙子、白披肩的女子）和女方家长一起拦门。

7-15 ◆荷兰园

接新娘 [tʃip³ʃɐn⁵⁵lœŋ²¹]

在通过种种考验后,新郎终于如愿见到新娘。

7-17◆荷兰园

伴郎 [pun²²lɔŋ³⁵]

新郎在接新娘时,会带上几位未婚的亲友共同前往,共同应对女方亲友的考验。伴郎一般穿着西服或衬衣等,与新郎一样在胸前佩戴礼花。

"郎"字读 [35] 调,为变调。

7-16◆荷兰园

7-18 ◆荷兰园

7-19 ◆荷兰园

拜父母 [pai³³fu²²mou³⁵]

在新娘离开娘家之前，新娘携新郎向父母敬茶，感谢父母养育之恩。同时，娘家父母将之前准备的首饰嫁妆、"利是"[lei²²ʃi²²]红包送给一对新人，并予以祝愿；新娘会佩戴上娘家给的首饰出阁。

出嫁 [tʃʰøt⁵ka³³]

新娘在去往婆家的途中，如需下车走路，须撑着红伞。新的红伞寓意"开枝散叶"，同时能为新娘祈福，通常由"大妗姐"[tai²²kʰɐm³⁵tʃɛ⁵⁵]媒人撑伞，并搀扶新娘。

澳门人把媒人称为"大妗姐"，把说媒比喻为"抓大葵扇"[tʃa⁵⁵tai²²kʰuɐi²¹ʃin³³]。"大妗姐"不仅充当着媒人的角色，还是婚事中的重要司仪，在新人向长辈行礼时从旁说些吉利话。（参见图7-25）"大妗姐"也不仅限于1个人，可有几个人共同承担。不过，现在崇尚恋爱自由，因此，往往为了促成仪式而临时聘请人充当"大妗姐"。

7-22 ◆麻子巷

7-20◆荷兰园 7-21◆荷兰园

点心 [tim³⁵ʃɐm⁵⁵]

在大婚当日，用于招待宾客的茶杯里放有红枣和"糖莲子"[tʰɔŋ²¹lin²¹tʃi³⁵]莲子糖，此外还准备一些甜食和蜜饯，寓意"早生贵子""连生贵子""甜甜蜜蜜"。

拜祖先 [pai³³tʃou³⁵ʃin⁵⁵]

新郎把新娘迎娶回家后，新人要共同祭拜夫家的祖先灵位和神位。用于供奉的也是红枣、莲子糖等具有美好寓意的食品。

7-23◆华康楼 7-24◆麻子巷

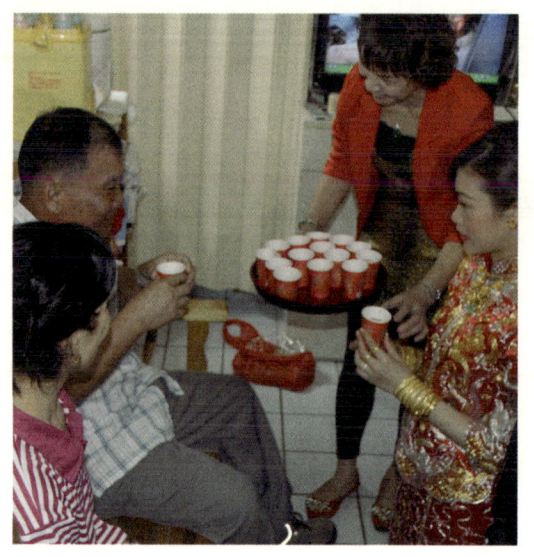

7-25◆麻子巷

7-26◆麻子巷

敬茶 [keŋ³³tʃʰa²¹]

在拜神、拜祖先之后，新人向夫家长辈敬茶，以答谢养育之恩。旁边端茶杯的妇女也是"大妗姐"，在新人敬茶的时候，在旁边说些吉利话。

派利是 [pʰai³³lei²²ʃi²²]

在"大妗姐"的协助下，男方家人向前来的宾客派发红包。

乳猪 [y³⁵tʃy⁵⁵]

新人回门时，男方的礼物里会备有一只烤乳猪，寓意"如意吉祥"，也同时向女方家表示对新媳妇非常满意。

过去婚后有"三朝回门"[ʃam⁵⁵tʃiu⁵⁵ui²¹mun²¹]，第三天男、女方一起携带礼物回娘家探望，而现在一般当天就回门了。

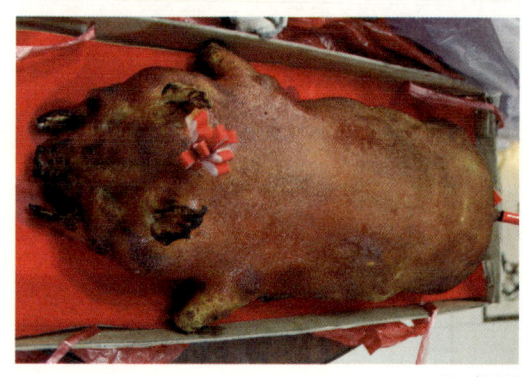

7-27◆麻子巷

喜帖 [hei³⁵tʰip³]

发喜帖叫作"派贴"[pʰai³³tʰip³]。

7-28◆麻子巷

7-30◆麻子巷

喜联 [hei³⁵lyn²¹]

新郎、新娘双方家庭会在所居住的大厦门口贴上祝贺喜事的对联。婆家贴的对联横批多为"鸾凤和鸣",上下联如"天赋良缘谐好合,永成佳偶庆其昌"(见图7-30);娘家贴的对联横批多为"之子于归",上下联如"鹊桥既驾于归日,凤阁催妆正合时"(见图7-29)。

7-29◆荷兰园

7-33 ◆莲溪新庙

一 生育

金花夫人 [kɐm⁵⁵fa⁵⁵fu⁵⁵iɐn²¹]

"金花夫人"是当地人心中的送子女神。此外,观音、"大肚佛"[tai²²tʰou³⁵fɐt²]弥勒佛(见图6-26)也是人们认为能赐子嗣的神灵。

求子 [kʰɐu²¹tʃi³⁵]

一些寺庙里设有"金花夫人"[kɐm⁵⁵fa⁵⁵fu⁵⁵iɐn²¹](见图7-33)的宝殿,已婚夫妇会来此求子或顺利生产,有了新生儿的家庭为"金花夫人"奉上香葱做贡品,也会来此祈求孩子平安、伶俐可爱。

7-31 ◆莲溪新庙

7-32 ◆包公庙

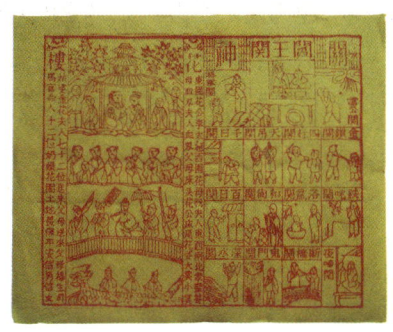

7-34◆福兴街

关纸 [kuan⁵⁵tʃi³⁵]

有了孩子的家庭在日常祭拜神灵时焚烧"关纸"，用于祈祷新生儿、幼儿过五关、斩六将，平安长大。

7-35◆三盏灯

猪脚姜 [tʃy⁵⁵kœk³kœŋ⁵⁵]

"猪脚姜"用猪脚、去皮的姜、"甜醋" [tʰim²¹tʃʰou³³]（见图7-36）、"片糖" [pʰin³³tʰɔŋ²¹]黄糖、整只鸡蛋等熬制而成。"煲猪脚姜" [pou⁵⁵tʃy⁵⁵kœk³kœŋ⁵⁵]又叫作"煲醋" [pou⁵⁵tʃʰou³³]、"煲姜醋" [pou⁵⁵kœŋ⁵⁵tʃʰou³³]，是"月婆" [yt²pʰɔ²¹]产妇的保健食物，有祛风、养血、催奶的功效。由于味美可口，现在也成了很受民众喜爱的食物，连男性也会吃。

新生儿过"十二朝" [ʃɐp²i²²tʃiu⁵⁵]十二天、"弥月之喜" [lei²¹yt²tʃi⁵⁵hei³⁵]满月时，主人会招待前来探望的亲友吃猪脚姜，叫作"摆姜桌" [pai³⁵kœŋ⁵⁵tʃœk³]。

添丁甜醋 [tʰim⁵⁵teŋ⁵⁵tʰim²¹tʃʰou³³]

"添丁甜醋"是炖制"猪脚姜" [tʃy⁵⁵kœk³kœŋ⁵⁵]（见图7-35）的专用醋。甜醋的口味比一般的醋偏甜，颜色是黑色的，也有人叫作"乌醋" [u⁵⁵tʃʰou³³]。

7-37◆大三巴哪吒庙

寿包 [ʃɐu³³pau⁵⁵]

"寿包"是用面做成寿桃形状的包子。

7-36◆三盏灯

三 丧葬

7-38 ◆海边新街

长生店 [tʃʰœŋ²¹ʃaŋ⁵⁵tim³³]

　　澳门现在仍保留土葬的习俗，也保留着一些传统棺材店铺，婉称为"长生店"。店门挂有带有口彩色彩的对联，如"见官官加一品；见财财发万金"。

长生 [tʃʰœŋ²¹ʃaŋ⁵⁵]

　　"长生"是棺材的婉称，也称为"长生木"[tʃʰœŋ²¹ʃaŋ⁵⁵mok²]、"寿"[ʃeu³³]或"寿板"[ʃeu³³pan³⁵]。

7-39 ◆海边新街

7-40 ◆ 十月初五街

7-41 ◆ 普济禅院

寿衣铺 [ʃeu³³i⁵⁵pʰou³³]

"寿衣铺"的店名往往也带有"永生"之类的吉祥口彩。"寿衣"是统称，包括逝者的全身穿戴。

笑丧 [ʃiu³³ʃɔŋ⁵⁵]

如果逝者的年龄在70岁以上，则称为"笑丧"，为逝者供奉红色的蜡烛，灯笼上的字是红色的。如果逝者的年龄在70岁以下，为逝者供奉白色蜡烛，灯笼上的字是蓝色的。

神主牌 [ʃen²¹tʃy³⁵pʰai²¹]

指写着逝者名字的狭长的木牌，被视为是魂灵所依附的牌位，祭祀供奉寄存逝者牌位的地方。

7-42 ◆ 普济禅院

7-43 ◆ 普济禅院

澳门　柒·婚育丧葬

7-44◆普济禅院 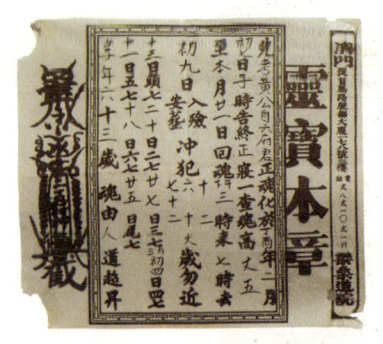　　　　　　　　　　　　　　　　　7-45◆普济禅院

灵堂 [leŋ²¹tʰɔŋ²¹]

过去逝者的家属在家里设有灵堂，请神职人员做完法事之后，"孝子贤孙" [hau³³tʃi³⁵in²¹ʃyn⁵⁵]男性的直系亲属要守灵。现在一般在寺庙里租借灵堂，以摆放灵位的台子为单位，一位逝者一个贡台。（见图 7-44）台面上方的墙上挂着逝者的遗照，左右两边是白底黑字的挽联，上方悬挂一对灯笼，印着逝者的姓氏和去世的岁数；台面上摆着逝者的牌位，称为"神主牌" [ʃen²¹tʃy³⁵pʰai²¹]，（见图 7-42）此外还供奉着鲜花、蜡烛、香火和一些贡品。灵台旁边贴着的白纸称为"灵宝本章" [leŋ²¹pou³⁵pun³⁵tʃœŋ⁵⁵]（见图 7-45），记录着逝者去世、入殓、安葬日期及时辰等信息。

7-46◆普济禅院

招魂幡 [tʃin⁵⁵ŋen²¹fan⁵⁵]

"招魂幡"是指安插在坟头上纸旗，一般插在新下葬的坟上。

7-47 ◆氹仔沙岗市政坟场

童男童女 [tʰoŋ²¹lam²¹tʰoŋ²¹løy³⁵]

"童男童女"是一种纸扎，摆设在供奉台的两侧，寓意泉下有人伺候逝者。

7-48 ◆普济禅院

7-49 ◆ 圣弥额尔小堂

7-50 ◆ 圣弥额尔小堂

坟头 [fen²¹tʰeu²¹]

"坟头" [fen²¹tʰeu²¹] 是单独的一座坟。图7-49、7-50 的 "坟头" 有天主教或基督教，以及佛教特色，传统的坟参看图8-36。

7-52 ◆普济禅院

长安乐 [tʃʰœŋ²¹ŋɔn⁵⁵lɔk²]

"长安乐"（见图 7-52）是普济禅院内寄存逝者骨灰的地方。信仰天主教或基督教者的骨灰会安放在教堂里（见图 7-51）。

7-51 ◆圣弥额尔小堂

澳门　柒·婚育丧葬

231

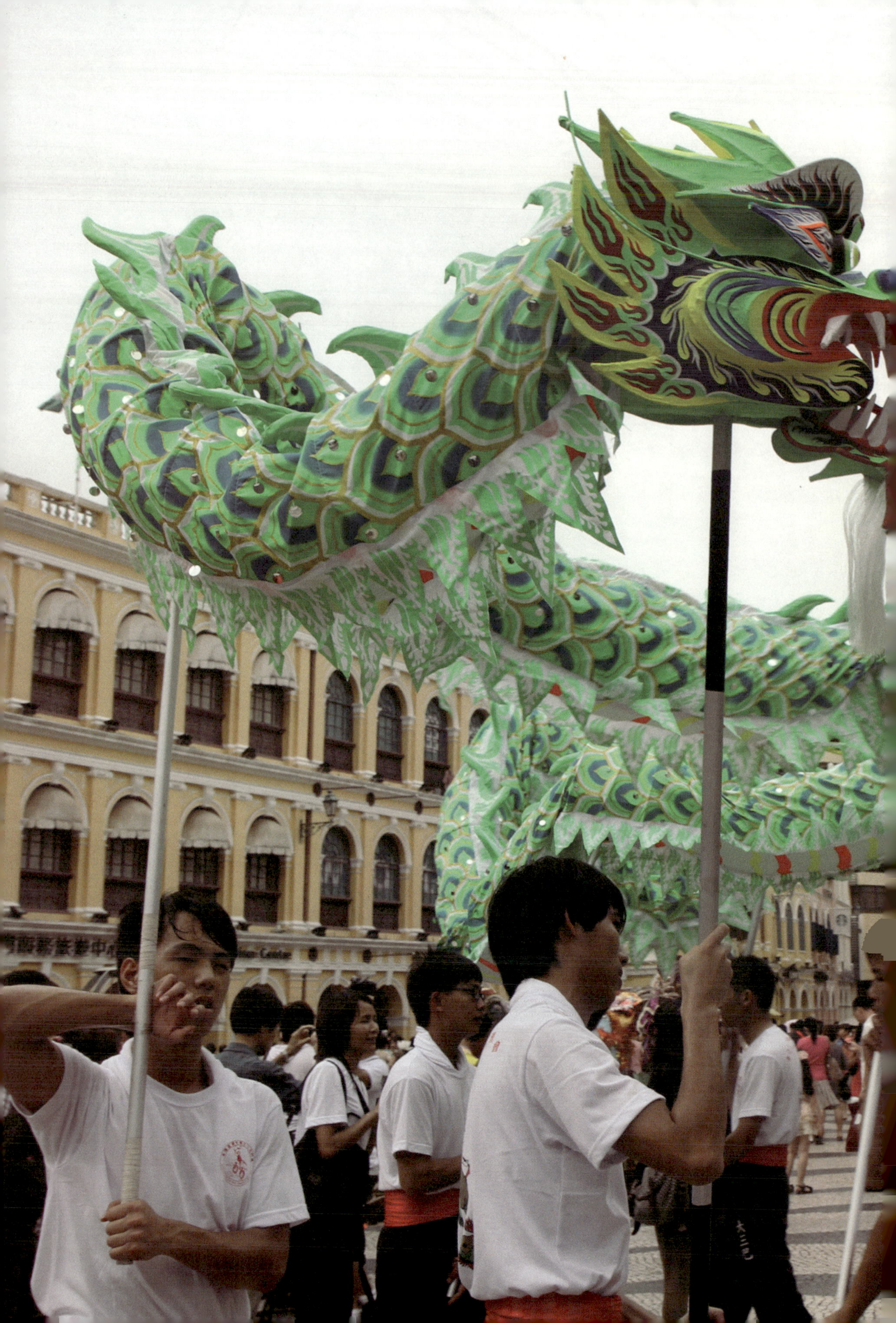

捌・节日

澳门把过节叫"做节"[tʃou²²tʃit³],"做"字体现了当地人对节日的重视,需认真操持,用心置办。在澳门,一年之中能不断地感受到各类节日的浓烈气氛,文化特色鲜明。澳门的中式传统节日有两种类型,一是与其他汉族地区差不多的节日种类,当中最受重视的有"过年"[kɔ³³lin²¹]春节、"新十五"[ʃɐn⁵⁵ʃɐp²m³⁵]元宵节、"清明"[tʃʰeŋ⁵⁵miŋ²¹]、"五月五"[m³⁵yt²m³⁵]端午节、"八月十五"[pat³yt²ʃɐp²m³⁵]以及"鬼节"[kuɐi³⁵tʃit³]中元节、"做冬"[tʃou²²toŋ⁵⁵]冬至。在这些节日里,都伴随着隆重的祭祀神灵、祖先的活动,祭祀活动

也是最受当地人重视的一个环节。另一种类型的节日则更为浓墨重彩地勾画出澳门人信奉文化的丰富的特点，称为"神诞"[ʃen²¹tan³³]，即纪念各种神仙诞辰、得道、成佛的日子。神诞多由民间协会和供奉神像的庙宇联合举行，组织热闹的大型庆祝活动，如举行祭祀、神像出巡、"盆菜宴"[pʰun²¹tʃʰoi³³in³³]、"神功戏"[ʃen²¹koŋ⁵⁵hei³³]，民众也会自行准备各种祭品，在家里或寺庙里祭祀神灵，相当虔诚。

一 春节

8-1 ◆沙梨头街

8-2 ◆龙头左巷

挥春 [fei⁵⁵tsʰøn⁵⁵]

"挥春"是写着吉祥语的红纸和字画，过年时贴在门楣、墙、柱子、柜子、花盆等各处，图 8-1 至 8-3 的"挥春"带有信奉色彩。买"挥春"、贴"挥春"是过年的重要活动之一，在"扫屋"[ʃou³³ŋok⁵]大扫除之后，就开始贴"挥春"、"贴门神"[tʰip³mun²¹ʃɐn²¹]（见图 8-5）、"贴春联"[tʰip³tsʰøn⁵⁵lyn²¹]（见图 8-5）、贴"红纸"[hoŋ²¹tʃi³⁵]（见图 8-4）了。

过去有"写信佬"[ʃe³⁵ʃøn³³lou³⁵]专门写挥春，现在更多的是油墨印刷的了。

8-3 ◆氹仔美副将马路

8-4◆太和石级

8-5◆路环十月初五街

红纸 [hoŋ²¹tʃi³⁵]

在门贴上红纸，有辟邪的作用。

贴门神 [tʰip³mun²¹ʃen²¹]

贴春联 [tʰip³tʃʰøn⁵⁵lyn²¹]

春节要贴门神、春联，在横联下方贴"红纸" [hoŋ²¹tʃi³⁵]（见图8-4）辟邪。

"联"今读撮口呼韵母，与"连" [lin²¹] 读音不同，较特殊。

参⁼花挂红 [tʃʰam⁵⁵fa⁵⁵kʰua³³hoŋ²¹]

"参⁼花挂红"指清洁神位，并为神位换上新的红布、红花，贴上新的红纸，香炉换上新灰。这项工作是过年前必须要做的重要工作。"挂"读送气声母，是特字。

8-6◆麻子巷

8-7◆三盏灯

8-9 ◆三盏灯

8-10 ◆澳门半岛

花市 [fa⁵⁵ʃi³⁵]

逛花市购买鲜花是过年必须要做的事儿。逛花市是希望沾些花香瑞气，来年行大运；在除夕前要购买鲜花摆放在家里，如菊花、桃花、梅花、水仙、剑兰、金银柳、富贵竹等，还会购买盆栽的"金桔"[kɐm⁵⁵kɐt⁵]（见图8-10），寓意新春到来，花开富贵，大吉大利。

年宵市场 [lin²¹ʃiu⁵⁵ʃi³⁵tʃʰœŋ²¹]

"年宵市场"指集中售卖各种年货的市场，有时年宵市场也卖鲜花，也称为"年宵花市"[lin²¹ʃiu⁵⁵fa⁵⁵ʃi³⁵]。

8-8 ◆渔人码头

8-13◆义字街

8-11◆义字街

油角 [ieu²¹kɔk³]

"油角"也叫"角仔"[kɔk³tʃei³⁵],跟炸饺子相似。和面时可根据喜好放入鸡蛋和适量猪油。油角的馅料一般是甜的,以豆沙、芝麻、花生、椰丝居多,有时也放入菜,做成咸口的。油角的边儿是锁边,对折黏合后,用指甲沿边一路轻捏成麻绳状。

"油角"寓意富有、平安,是过年串门送礼、招待客人的必备食物。

大笼糕 [tai²²loŋ²¹kou⁵⁵]

"大笼糕"即年糕,以糯米磨成的粉为原料制成,在揉制糯米粉的过程中加入了红糖,因此蒸出来呈黄色,吃起来是甜的。"大笼糕"蒸着吃,也可用油煎着吃。

"大笼糕"寓意年年高升,甜甜蜜蜜,是过年必备的食品之一。

煎堆 [tʃin⁵⁵tøy⁵⁵]

"煎堆"是用糯米粉揉成团后再用油炸而成的,与成人拳头一般大小,表面撒满芝麻,馅料有豆沙、椰蓉、花生碎末儿等,一般为甜的。煎堆色泽金黄,外形浑圆中空,口感酥脆,当地有"煎堆辘辘,金银满屋"[tʃin⁵⁵tøy⁵⁵lok⁵lok⁵, kɐm⁵⁵ŋɐn²¹mun³⁵ŋok⁵]的俗语,寓意富有、圆满。以前过年家家户户都自己炸煎堆和"油角"[ieu²¹kɔk³](见图8-13),"年晚煎堆,人有我有"[lin²¹man³⁵tʃin⁵⁵tøy⁵⁵, iɐn²¹ieu³⁵ŋɔ³⁵ieu³⁵] 年晚:年三十晚,现在多在外面买现成的了。

8-12◆义字街

屈大均在《广东新语》中已有对煎堆的记载:"煎堆者,以糯粉为大小圆,入油煎之,以祀祖先及馈亲友者也。"

8-16 ◆义字街

糖莲藕 [tʰɔŋ²¹lin²¹ŋɐu³⁵]

"糖莲藕"即莲藕糖。是将莲藕切片煮熟后，再用白糖熬制而成的。

糖冬瓜 [tʰɔŋ²¹toŋ⁵⁵kua⁵⁵]

"糖冬瓜"即冬瓜糖。过年少不了甜口的各种糖果，除了糖冬瓜以外，还有"糖莲子"[tʰɔŋ²¹lin²¹tʃi³⁵]（见图8-15）、"糖莲藕"[tʰɔŋ²¹lin²¹ŋɐu³⁵]（见图8-16）、"糖姜"[tʰɔŋ²¹kœŋ⁵⁵]（见图8-17）、"吉饼"[kɐt⁵pɛŋ³⁵]（见图8-18）等，寓意甜甜美美。

糖莲子 [tʰɔŋ²¹lin²¹tʃi³⁵]

"糖莲子"即莲子糖。是将莲子去皮、去心后，用白糖熬制而成的一种糖果。

8-14 ◆义字街

8-15 ◆义字街

全盒 [tʃʰyn²¹hɐp³⁵]

"全盒"用于盛放过年时吃的小食品，盒体多为圆形，暗红色，盖子上有花纹，内部隔断分为三到五个区间，盛放不同的糖果和零食。全盒过去是漆器制成的，现在多为塑料的。

此处"盒"的声调读 [35]，是变调。

8-19◆德成按

糖姜 [tʰɔŋ²¹kœŋ⁵⁵]

"糖姜"即为"姜糖"。将姜片晒干后用糖腌制而成。

8-17◆义字街

吉饼 [kɐt⁵pɛŋ³⁵]

"吉饼"即为"橘饼"。将橘子剥皮、去籽并经石灰水腌制后，再用白糖煮成。

8-18◆义字街

8-22◆义字街

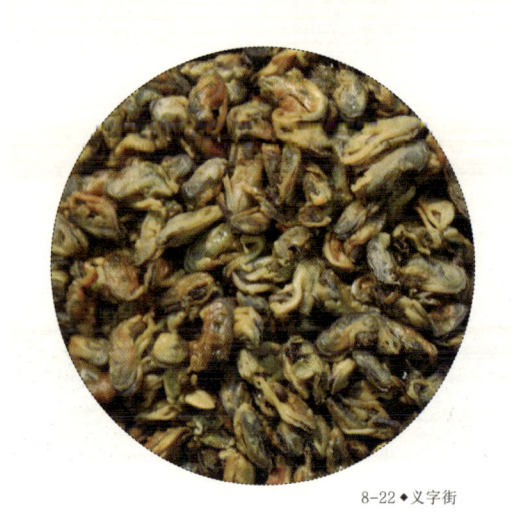

8-23◆三盏灯

好市 [hou²¹ʃi³⁵]

"好市"是口彩,为"蚝豉"[hou²¹ʃi²²]。"蚝"是牡蛎,"蚝豉"是用牡蛎肉晒干而得的。

煎鲮鱼 [tʃin⁵⁵leŋ²¹y²¹]

在年三十晚,要煎好两条鲮鱼,在拜祖先、拜神的时候作为贡品,一直存放到"开年"[hɔi⁵⁵lin²¹]一般是年初二后再吃。这种习俗称为"择=年"[tʃak²lin²¹]。

发财 [fat³tʃʰɔi²¹]

"发财"是口彩,为发菜。因与"发财"读音相近,发菜(见图8-20)是过年期间必不可少的食材之一,可作为配菜蒸、炖、熬粥。更有特色的是用发菜蒸"蚝豉"[hou²¹ʃi²²]干牡蛎(见图8-22),寓意"发财好市"。

8-20◆义字街

8-21◆渔人码头

8-24 ◆三盏灯

8-25 ◆沙梨头街

拜神 [pai³³ʃɐn²¹]

在吃"团年饭"[tʰyn²¹lin²¹fan²²]年夜饭之前,以及在大年初一迎新年时,都有拜神祭祀的风俗。祭品有白切鸡、烧肉、鲮鱼、煎堆、年糕、汤圆(见图8-24),以及烧乳猪(寓意身体健康)、生菜(寓意生财)、芹菜(寓意勤快)、葱(寓意聪明)等。(见图8-25)

食斋 [ʃek²tʃai⁵⁵]

"斋"指素菜,澳门有年三十晚上"煮斋"[tʃy³⁵tʃai⁵⁵]、年初一有"食斋"的习俗。"斋"一般为"金针"[kɐm⁵⁵tʃɐm⁵⁵]黄花菜、"云耳"[uɐn²¹i³⁵]黑木耳、粉丝、红枣、"发财"(见图8-20)、"香信⁼"[hœŋ⁵⁵ʃɐn³³]香菇、"支竹"[tʃi⁵⁵tʃok⁵]腐竹,寓意"知足"等为原料,现有配备好各种食材的斋菜包,可以直接煮熟食用。

年初一一大早起床后,早饭必须要"食斋",而且一定要吃两碗或两碗以上,即要"添饭"[tʰim⁵⁵fan²²],食斋过后就出去拜年。现在仍有些家庭是年初一整天都只吃斋菜而不吃肉的。"斋"也是逢年过节祭祀的贡品之一。(见图8-27)

8-26 ◆义字街

8-27 ◆竹林寺

8-28◆金沙娱乐场

财神拜年 [tʃʰɔi²¹ʃen²¹pai³³lin²¹]

大年初一是拜年的时间，在家里，晚辈要给长辈们拜年。新年期间，逢人就说"恭喜发财"[koŋ⁵⁵hei³⁵fat³tʃʰɔi²¹]，这是最为平常，也是最亲切的拜年祝词。

过年期间，政府或商家会请人打扮成财神的模样在路上给行人拜年、"派利是"[pʰai³³lei²²ʃi²²]派发红包，得到"财神"祝愿和红包的人很兴奋，仿佛一年之间财源滚滚。

澳门过去也有财神拜年的风俗。在大年初一的早上，有人到各家各户敲门并大喊"财神到！"[tʃʰɔi²¹ʃen²¹tou³³] 户主开门后，吆喝的人递给户主一张红纸，上面写着"财神"二字，户主接过红纸后，须给此人一个红包。这种风俗称为"接财神"[tʃip³tʃʰɔi²¹ʃen²¹]，现在已经没有了。

逗利是 [tɐu²²lei²²ʃi²²]

"逗利是"[tɐu²²lei²²ʃi²²]原指晚辈给长辈拜年，进而接受长辈压岁钱的行为。现在政府或其他组织在大年初一会在闹市区给市民们派发红包，因此，向派发红包的组织"逗利是"成为了市民的娱乐活动之一，活动热闹喜庆。

8-29◆议事厅前地

8-30 ◆议事厅前地

烧炮仗 [ʃiu⁵⁵pʰau³³tʃœŋ³⁵]

在除夕之夜吃"团年饭"之前、在大年初一迎新年时，燃放鞭炮都是必不可少的活动。

舞狮 [mou³⁵ʃi⁵⁵]

"舞狮"是过年的庆祝活动之一。在舞狮队中有一个戴面具的小童逗引狮子，并与狮子相互游戏、玩耍，很有趣。

8-31 ◆郑家大屋

8-32 ◆妈阁庙

买风车 [mai³⁵foŋ⁵⁵tʃʰɛ⁵⁵]

大年初一有买风车的风俗，风车做工精美，金光闪闪，寓意"时来运转"。

8-33 ◆河边新街

8-34 ◆ 妈阁庙

烧头香 [ʃiu⁵⁵tʰeu²¹hœŋ⁵⁵]

"烧头香"原指大年初一到寺庙争烧新年的第一炷香,想烧头香的"善信"[ʃin³³ʃøn³³]信奉者往往除夕之夜就要到寺庙排队。现在泛指大年初一当天到寺庙里上香、祈福,这已成为澳门民众大年初一的一项重要活动。

8-35 ◆ 妈阁庙

澳门 捌·节日

247

二 清明节

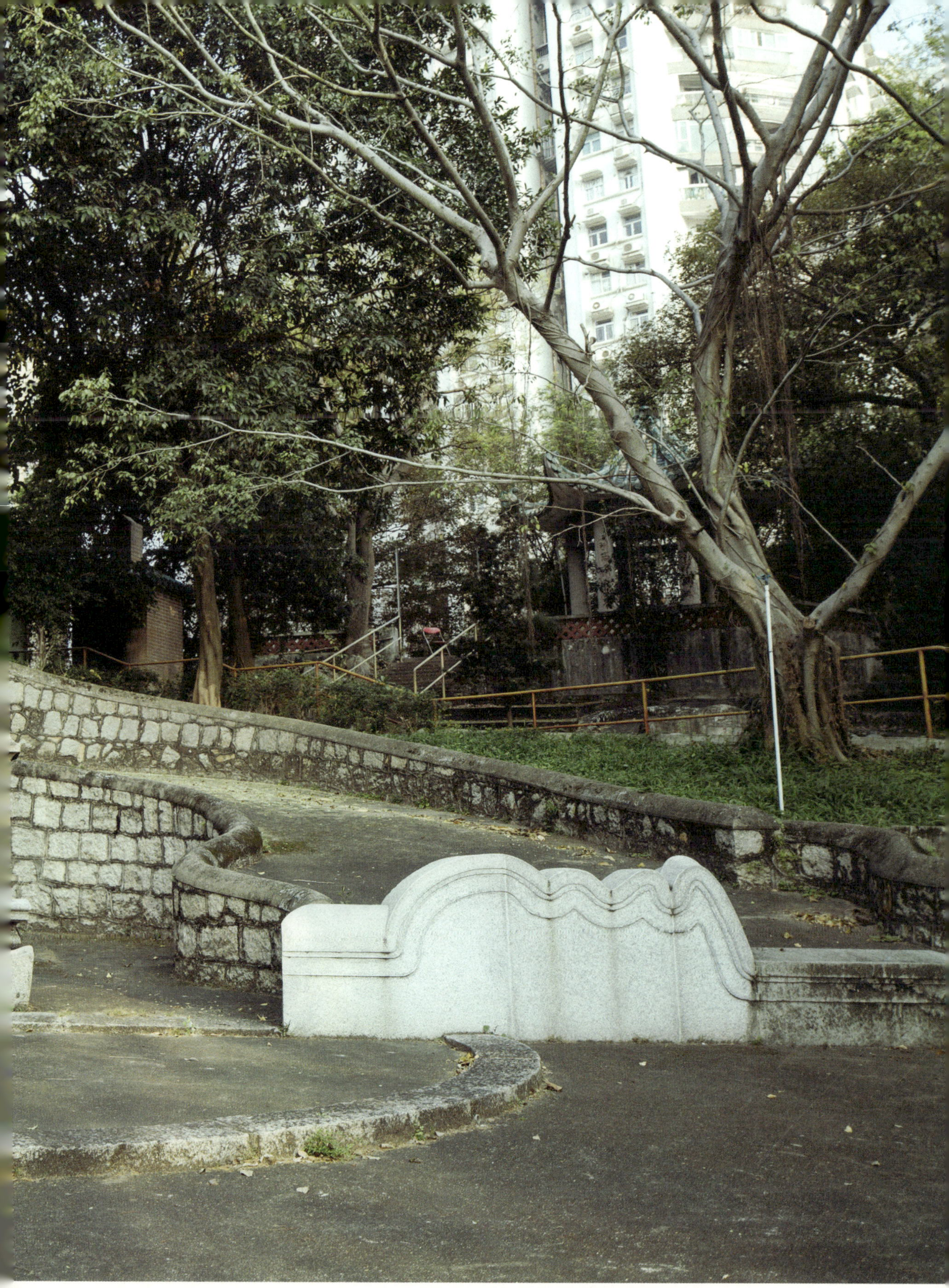

拜山 [pai³³ʃan⁵⁵]

"拜山"即"扫墓","山"[ʃan⁵⁵]、"山头"[ʃan⁵⁵ tʰeu²¹]是对坟头（见图 7-49、7-50）的讳称。"拜山"是清明节最重要的活动,一般在公历 4 月 5 日前后进行。"清明"节气当天称为"正清"[tʃeŋ³³tʃʰeŋ⁵⁵],一般都在当日或在此之前拜山,清明所在的月份过了以后,有"闭墓"[pei³³mou²²]一说,认为就

8-36 ◆ 氹仔孝思墓园

8-37 ◆ 氹仔沙岗市政坟场

8-38 ◆ 圣味基坟场

不再适合上山打扰先人了。现在除了清明以外，在重阳节也有不少人扫墓。

现存的坟墓样式多样，既有传统土葬式的（见图 8-36），也有现代保存先人骨灰式的（见图 8-37），也有富有基督教色彩的（见图 8-38）。

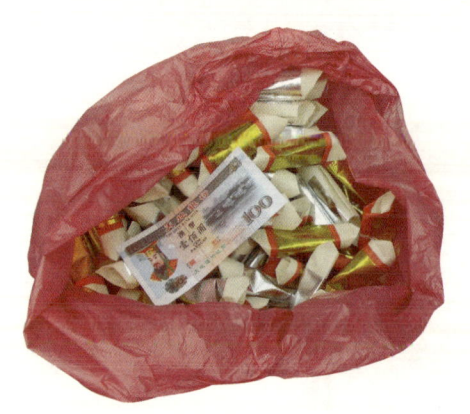

8-39◆氹仔沙岗市政坟场

香烛冥镪，金银衣纸

[hœŋ⁵⁵tʃok⁵meŋ³⁵kʰœŋ³⁵, kɐm⁵⁵ŋen²¹i⁵⁵tʃi³⁵]

"香烛冥镪，金银衣纸"是统称，指烧给先人的物品，包括蜡烛、各类纸钱等。

8-40◆氹仔沙岗市政坟场

沓宝 [tap²pou³⁵]

"沓宝"指将折叠"金银"（见图 8-41、图 8-42）纸钱一横一竖呈错落状叠沓起来，叠好之后的成品称为"元宝"[yn²¹pou³⁵]。

金银 [kɐm⁵⁵ŋen²¹]

"金银"是一种常用的纸钱，呈四方形，中间有金色或银色的箔印。在烧给先人之前，要将金银折成元宝的形状（见图 8-41），称为"折金银"[tʃit³kɐm⁵⁵ŋen²¹]。现还将金银折成花瓣形后再拼成莲花状的，造型美观。（见图 8-42）

8-41◆普济禅院

8-42◆氹仔沙岗市政坟场

8-45◆福兴街

衣仔 [i⁵⁵tʃɐi³⁵]

"衣仔"是烧给逝者的衣物。

8-46◆氹仔沙岗市政坟场

包袱 [pau⁵⁵fok²]

"包袱"内为奉给先人的各种纸质祭品，包袱外面会写上先人的姓名或尊称、祭祀当日的时间，同时有祭拜者的落款。当地清明节有"烧包袱"[ʃiu⁵⁵pau⁵⁵fok²]的传统风俗。

择⁼溪钱 [tʃak²kʰɐi⁵⁵tʃʰin²¹]

"溪钱"是纸钱的一种，呈长方形，颜色为浅米黄色，纸上有三个钱币似的圆孔，也叫作"囗钱"[tʃʰau³³tʃʰin²¹]。溪钱是祭拜先人时的常用祭品之一，将展开的溪钱摆放在墓碑上方，称为"择⁼溪钱"。在烧纸钱时，为便于焚化，需要用手将一整叠纸钱展开呈圆形状再烧，叫作"拧溪钱"[leŋ²¹kʰɐi⁵⁵tʃʰin²¹]。

8-43◆氹仔沙岗市政坟场

8-44◆氹仔沙岗市政坟场

8-47 ◆氹仔沙岗市政坟场

8-48 ◆氹仔沙岗市政坟场

贡品 [koŋ³³pɐn³⁵]

祭拜先人所用的祭品各有不同，常见的有鸡肉、鸭肉、烧肉、乳猪、鸭蛋、"大发"[tai²²fat³]发糕、米饭和一些水果，有时候还有鱼、虾等海鲜。此外，一般都配上三杯白酒和三杯水。

在祭拜完了之后，祭拜者会在当场分吃祭品。

装香 [tʃɔŋ⁵⁵hœŋ⁵⁵]

"装香"指为先人上香，三根为一束，插在墓碑前。

斟酒 [tʃɐm⁵⁵tʃɐu³⁵] | 斟茶 [tʃɐm⁵⁵tʃʰa²¹]

祭拜时，在墓碑前为先人倒上三杯酒和三杯茶。

8-49 ◆氹仔沙岗市政坟场

8-50 ◆氹仔沙岗市政坟场

8-51 ◆氹仔沙岗市政坟场

描字 [miu²¹tʃi²²]

"描字"指给墓碑上刻的字描上金粉。

山神土地 [ʃan⁵⁵ʃen²¹tʰou³⁵tei²²]

坟地往往设有"山神土地"的灵位，扫墓时人们也会祭拜。

后土 [heu²²tʰou³⁵]

在坟墓的右侧或后方，设有"后土"的牌位，在祭拜先人时，也要"拜后土"。

8-52 ◆氹仔沙岗市政坟场

8-53 ◆氹仔沙岗市政坟场

澳门　捌·节日

三 浴佛节

舞醉龙 [mou³⁵tʃøy³³loŋ²¹]

"舞醉龙"是浴佛节庆祝仪式的高潮。所谓"醉龙",意指喝酒后乘着酒兴舞动龙身,形醉而意不乱。舞醉龙是一种特殊的舞龙活动,特点体现在龙的形态上,龙为木质的,只有龙头、龙尾两截,没有龙身;舞龙队伍较小,最简仅需两人各执龙头、龙尾舞动即可。

舞龙者身着红字白底的汗衫,下着黑色扎脚式的"唐装裤"[tʰoŋ²¹tʃoŋ⁵⁵fu³³]传统的中式裤子和"功夫鞋"[koŋ⁵⁵fu⁵⁵hai²¹](见图3-13),这是澳门鱼行的标志性装束。汗衫上面印着"澳门鱼行"、"醉龙"六字,脖子上系着白色汗巾。舞龙者额头扎着红巾,上有与龙头类似的金角、绿叶装饰;腰系红腰带、手腕上捆着红巾,显得干练利落。沿街商铺的老板会与游行经过的舞龙队伍合影,图个生意兴隆的好彩头。

舞醉龙的队伍以游街的形式表演(见图8-54),在出发前还需进行"开光点睛"[hɔi⁵⁵kɔŋ⁵⁵tim³⁵tʃeŋ⁵⁵]仪式。(见图8-56)

8-54 ◆ 三街会馆

8-55 ◆ 三街会馆

8-56 ◆ 水上街市

澳门 捌·节日

8-57 ♦水上街市

浴佛节 [iok²fɐt²tʃit³]

农历四月初八为"浴佛节",又称为"佛诞节"[fɐt²tan³³tʃit³],是佛祖释迦牟尼的诞辰日。

过去"水上人家"[søy³⁵ʃœŋ²²iɐn²¹ka⁵⁵]渔民会在此时举行盛大的庆祝活动,现在一般由澳门鲜鱼行总会组织举办,热闹非凡。"浴佛节"最重要的活动是"舞醉龙"[mou³⁵ tʃøy³³loŋ²¹](见图8-54至8-56),在此之前要举行隆重的拜神仪式(见图8-57)。

8-58 ♦三街会馆

拜鱼栏 [pai³³y²¹lan⁵⁵]

"鱼栏"是专营卖鱼或海鲜的行当。(见图5-75)舞醉龙的队伍会到专营海产品的商铺表演,祝愿生意兴隆,四季平安。

8-59 ◆三街会馆

采青 [tʃʰɔi³⁵tʃʰɛŋ⁵⁵]

"采青"是"拜鱼栏"（见图8-58）里讨彩头的环节之一。"青"往往是一棵生菜，寓意"生财"，有时会加上一束小葱，用红绳将之捆起来。（见图8-60）在"青"上面压着一个红包，醉龙把红包取走，寓意生意兴隆。

除了舞醉龙以外，也有狮队进行"采青"，称为"醒狮采青" [ʃeŋ³⁵ʃi⁵⁵tʃʰɔi³⁵tʃʰɛŋ⁵⁵]。（见图8-59）

8-60 ◆三街会馆

吃龙船头饭 [hɐk³lɔŋ²¹ʃyn²¹tʰeu²¹fan²²]

除了"舞醉龙" [mou³⁵tʃøy³³lɔŋ²¹]（见图8-54至8-56）以外，鲜鱼行总会在当日向社会大众免费派发风味独特的龙船头饭。在浴佛节当日吃龙船头饭，有祈求长命百岁、丁财两旺的寓意。

8-61 ◆红街市

8-62◆澳门半岛

神功戏 [ʃen²¹koŋ⁵⁵hei³³]

"神功戏"是为了酬神祈福所举办的戏剧表演活动，免费为民众表演，神仙诞辰的庆祝活动都有神功戏表演。澳门的"神功戏"大都是粤剧。

8-63 ◆路环打缆巷

谭公诞 [tʰam²¹koŋ⁵⁵tan³³]

农历四月初八也是道教海神谭公的生日，称为"谭公诞"。路环岛的"谭公庙"[tʰam²¹koŋ⁵⁵miu²²]会举行热闹的庆祝仪式，白天人们会到谭公庙装香祈福，供奉丰富的贡品。此外，政府和民间组织还举办"光辉路环四月八"活动，邀请多位民间艺人到路环演出，以示庆祝。

8-64 ◆路环十月初五街

四 哪吒诞

8-65 ◆大三巴哪吒庙

哪吒庙 [la²¹tʃa⁵⁵miu²²]

澳门有两处哪吒古庙，一处位于大三巴牌坊旁（见图 8-65），图 8-66 为大三巴哪吒庙所供奉的哪吒神像。另一处坐落于柿山哪吒庙斜巷。（见图 8-67）

8-66 ◆大三巴哪吒庙

8-67 ◆柿山哪吒庙

8-68 ◆大三巴哪吒庙

哪吒诞 [la²¹tʃa⁵⁵tan³³]

农历的五月十八为哪吒诞,这是澳门最为热闹的节日之一,人们会准备丰富的贡品到哪吒庙里祭拜哪吒。澳门地处入海口,水资源丰富,过去人们依靠渔业为生,对能制服海龙王的哪吒有崇拜之情。

8-69 ◆大三巴哪吒庙

8-70◆大三巴斜巷

出巡 [tʃʰøt⁵tʃʰøn²¹]

"出巡"也叫作"巡游"[tʃʰøn²¹iɐu²¹],由众人抬着供奉着哪吒神像的銮舆一路巡游,(见图 8-71)以祈求风调雨顺、国泰民安。

洒净 [ʃa³⁵tʃeŋ²²]

巡游的队伍里,有人用扁担挑着盛着水的木桶,用"辘柚叶"[lok⁵iɐu³⁵ip²]柚子叶蘸水洒向路边,意为净物,以示对哪吒的尊敬。

8-72◆澳门半岛

8-71◆澳门半岛

抢花炮 [tɕʰœŋ³⁵fa⁵⁵pʰau³³]

"花炮"的外形与花相像（见图8-73），"抢花炮"是哪吒诞的特色活动之一。据说"炮"是对菩萨的尊称，各色菩萨安坐神龛，上贴第一炮、第二炮、第三炮等字样。其中，第七炮又分正炮和副炮，所供奉的都是哪吒，但正炮寓意"添丁"，副炮为"添才"。点燃花炮后（见图8-74），爆竹将写有数字的铜钱弹上半空，若能抢到这枚铜钱，便可按照上面的数字字样，请出对应的菩萨回家祀奉，直到翌年哪吒诞再恭送菩萨回哪吒古庙。（参看过国亮 2011）

8-73◆大三巴斜巷

8-74◆大三巴斜巷

澳门 · 捌·节日

8-75 ◆议事厅前地

哪吒太子 [la²¹tʃa⁵⁵tʰai³³tʃi³⁵]

"哪吒太子"是由成人穿戴上哪吒形象的服装、面具扮演而成的，是一种较为晚起的形象，带有卡通、动画的意味。

8-77 ◆议事厅前地

飘色 [pʰiu⁵⁵ʃek⁵]

"飘色"是一种融戏剧、魔术、杂技、音乐、舞蹈于一体的古老民间艺术。通常由儿童站在板上扮演神话故事或历史传奇中的人物及场面，下面由人抬着缓慢行进，同时还有锣鼓队奏乐伴随，供人观赏。除了"哪吒诞"以外，其他的神仙诞辰的巡游活动也会有"飘色"表演。

8-76◆议事厅前地

哪吒童子 [la²¹tʃa⁵⁵tʰoŋ²¹tʃi³⁵]

"哪吒童子"一直是哪吒诞活动中的重要角色，由男童按照神话中的哪吒形象进行装扮，身着粉绿荷花服，手拿乾坤圈和红缨枪，形象生动。

8-78◆澳门半岛

8-79◆议事厅前地

舞龙 [mou³⁵loŋ²¹]

出巡队伍里有"舞龙"活动,龙头前面有一人举着龙珠,龙身节节相连,分为十几节到数十节不等,每隔一节就有一人撑竿。在舞龙时,龙珠前后左右四周摇摆,龙头作抢球状,引起龙身游走飞动,以示庆贺。

凤鸡舞 [foŋ³³kɐi⁵⁵mou³⁵]

"凤鸡舞"是由人穿戴上鸡的形象道具，随着节奏而模仿鸡的一系列动作的舞蹈形式，也是当地酬神的重要活动之一。

8-80◆议事厅前地

盆菜 [pʰun²¹tʃʰɔi³³]

"盆菜"是一种杂烩菜式，将荤素菜式烹制好后，再逐层垒在锑盆里共同烩制而成，有祈福酬神的寓意。庆祝神诞节的仪式里，会安排"盆菜宴"[pʰun²¹tʃʰɔi³³in³³]，请各方百姓同桌同品盆菜，寓意众人一心，人神同乐。

"盆菜宴"之后，还有观看"神功戏"等活动。（见图8-62）

8-81◆哪吒庙

五 中秋节

8-82 ◆卢廉若公园

8-83 ◆卢廉若公园

放荷花灯 [fɔŋ³³hɔ²¹fa⁵⁵tɐŋ⁵⁵]

"荷花灯"是一种水灯，可放到水里漂行，花瓣上往往写着放灯人的心愿。中秋之夜，市民们到池塘边放荷花灯祈愿祝福。

赏月 [ʃœŋ³⁵yt³⁵]

"赏月"是中秋节最重要的活动之一。现往往由政府或民间机构组织大型活动，召集民众共同赏月、观赏节目，共度佳节。

此处"月"的读 [35] 调，是变调。

8-84 ◆塔石广场

玩灯笼 [uan³⁵teŋ⁵⁵loŋ²¹]

对于儿童来说，中秋节最快乐的事情就是玩灯笼。过去灯笼以家庭自制的居多，以竹篾为架子扎成各种造型，多为纸扎的，也有布扎的。过去还常用柚子的皮雕刻成灯笼来玩，现在已经很少见了。

8-85 ◆塔石广场

杨桃灯笼 [iɶŋ²¹tʰou²¹teŋ⁵⁵loŋ²¹]

"杨桃灯笼"多为翠绿色或蛋黄色的，与杨桃的外形相似，玲珑别致。杨桃是八月十五的当季水果，"杨桃灯笼"显得非常应景，现在仍受人们喜爱。

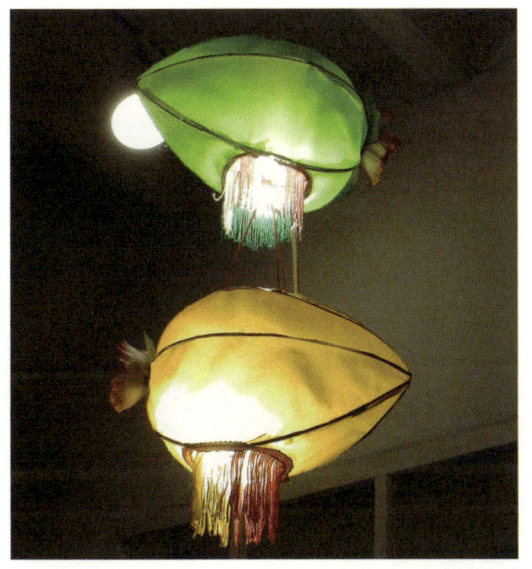

兔仔灯笼 [tʰou³³tʃɐi³⁵teŋ⁵⁵loŋ²¹]

"兔仔灯笼"是以兔子的形态为模型做成的灯笼，脱胎于月宫里有玉兔的传说，与中秋节非常应景。兔仔灯笼的底座往往有四个轮子，既可以提着玩，也可以在地上拖着玩。兔子的形象栩栩如生，惹人喜爱。

8-86 ◆仁慈堂婆仔屋

8-87 ◆仁慈堂婆仔屋

8-88 ◆侨乐巷

月饼 [yt²peŋ³⁵]

"月饼"是八月十五最为重要的食品,家家户户都有买月饼、吃月饼的活动。澳门的月饼属广式月饼,外形以四方形、圆形的为多,既有甜口的,也有咸口的。馅料最为传统的是"莲蓉"[lin²¹ioŋ²¹]的,以莲子为原料做成,如加上白糖调味称为"白莲"[pak²lin²¹],加上红糖则称为"红莲"[hoŋ²¹lin²¹],有时还会在莲蓉里加上咸蛋黄。传统的馅料还有豆沙、冬蓉 [toŋ⁵⁵ioŋ²¹] 以冬瓜为原料制成、五仁、叉烧的,等等,近十几年来还有水果月饼。

拜月光 [pai³³yt²koŋ⁵⁵]

在民间,八月十五还有"拜月光"的习俗,即祭拜月亮,以祈求平安。同时,八月十五是团圆的节日,人们还祭拜先人,表达缅怀之情。

月光衣 [yt²koŋ⁵⁵i⁵⁵]

"月光衣"是祭拜月亮时用来烧的祭品。

8-91 ◆普济禅院

8-92 ◆福兴街

8-89 ◆圣雅兰饼店 　　　　　8-90 ◆圣雅兰饼店

猪仔饼 [tʃy⁵⁵tʃei³⁵peŋ³⁵]

"猪仔饼"是八月十五的特色食品,用做月饼皮儿的材料制成,里面没有馅儿,过去多做成猪的形状,有的还另外做成一个猪笼,故而得名。由于其造型可爱多样,故深受儿童喜爱。现在已较为少见。

菱角 [leŋ²¹kɔk³]

"菱角"是草本水生植物菱的果实,是八月十五的应季食品,用水煮熟即可食用,也可以用来煮粥吃。

水柿 [ʃøy³⁵tʃʰi³⁵]

"水柿"是八月十五的一道特色果品,一般选用尚未成熟的、手感较硬的绿柿子来腌制,将它放入石灰水里浸泡腌制后,再洗净剥皮食用。口感清甜,完全没有柿子的涩味。

8-93 ◆义字街　　　　　8-94 ◆义字街

澳门　捌·节日

六 其他节日

8-95 ◆塔石公园

挂灯笼 [kʰua³³tɐŋ⁵⁵loŋ²¹]

除了灯会以外，公园、街道等公众场所也会挂上或摆设各式精美的灯笼，供游人观赏。

8-96 ◆塔石公园

8-97◆十月初五街

猜灯谜 [tʃʰai⁵⁵teŋ⁵⁵mei²¹]

灯会上有热闹非凡的猜灯谜活动,民众参与的热情很高。除了元宵节以外,中秋节也有猜灯谜的活动。

元宵灯会 [yn²¹ʃiu³⁵teŋ⁵⁵ui³⁵]

元宵节称为"新十五"[ʃen⁵⁵ʃep²m³⁵]。当天晚上,由政府或民间基金会举办元宵灯会,热闹非凡。

食汤圆 [ʃek²tʰɔŋ⁵⁵yn³⁵]

汤圆是元宵节的特色食品。汤圆有的有馅儿,有的没馅儿。有馅儿的汤圆多为甜的,馅料有芝麻的、花生的、红糖的,等等;没馅儿的汤圆主要靠汤料调味儿,汤里面放些白萝卜丝、虾米、冬菇、鱼饼丝等,多为咸口的。

8-98◆十月初五街

8-99◆十月初五街

游龙舟水 [iɐu²¹loŋ²¹tʃɐu⁵⁵ʃøy³⁵]

端午节前后的潮汛称为"龙舟水" [loŋ²¹tʃɐu⁵⁵ʃøy³⁵]，民间有"游龙舟水"的习俗，认为小孩在端午节前后到海里泡一泡可以杀菌，去热痱子，快长快大；大人则可身体健康。

扒龙舟 [pʰa²¹ loŋ²¹ tʃɐu⁵⁵]

"扒龙舟"指划龙舟比赛,是"五月五"[m³⁵ yt²m³⁵]端午节最为热闹的活动。澳门的"扒龙舟"活动现已发展成国际龙舟比赛,一些久居澳门的外国人也会参加。

8-102 ◆田畔街

买粽 [mai³⁵tʃoŋ³³]

过去过端午节时，家家户户要"包粽"[pau⁵⁵tʃoŋ³³]，现在基本上已变成了到街上买粽子。粽子的外形有三角状的（见图8-103），也有长方形的（见图8-104、图8-105）。粽子的馅料多种多样，从物美价廉的红豆粽、蛋黄粽、卤肉粽、什锦粽、莲蓉粽，再到高档的鲍鱼瑶柱粽、海鲜极品粽，风味应有尽有。

当地俗语说，"未食五月粽，寒衣不敢送"[mei²²ʃek²m³⁵yt²tʃoŋ³³, hɔn²¹i⁵⁵pɐt⁵kɐm³⁵ʃoŋ³³]，寓意过了端午节，气候就不会再转冷，即将进入夏天了。

8-103 ◆田畔街

8-106 ◆田畔街

艾草 [ŋai²²tsʰou³⁵]

端午节将艾草扎成一束，供奉于"门口土地" [mun²¹heu³⁵ tʰou³⁵tei²²] 上，当地人认为能起到威慑和阻挡邪恶之物的作用。

碱水粽 [kan³⁵søy³⁵tʃoŋ³³]

"碱水粽"也叫"兼⁼粽" [kim⁵⁵tʃoŋ³³]，是最为常见的一种粽子。由于糯米用碱水泡发过了，因此呈黄色。

咸肉粽 [ham²¹iok²tʃoŋ³³]

"咸肉粽"的馅儿是一块腌制过的肥猪肉，有时还带着个蛋黄。

8-104 ◆侨乐巷

8-105 ◆侨乐巷

澳门　捌·节日

8-107◆沙梨头海边街　　8-108◆沙梨头海边街

烧街衣 [ʃiu⁵⁵kai⁵⁵i⁵⁵]

　　"烧街衣"在农历七月非常盛行,在"鬼节"[kuɐi³⁵tʃit³]农历七月十四当日显得更为重要。在入夜时分,在街上摆好一些贡品,如烧鸭、烧猪肉、豆芽、豆腐、米饭、花生、应季蔬果、酒水、香烛等,同时烧些纸钱,表达对故人的哀思。

撒钱 [ʃat³tʃʰin³⁵]

　　在"烧街衣"[ʃiu⁵⁵kai⁵⁵i⁵⁵]时,还会往街上撒些硬币作为亡灵的祭品。通常是一角钱的硬币,称为"一斗领 ="[iɐt⁵tɐu³⁵lɛŋ³⁵]。

8-109◆八角亭

8-110 ◆沙梨头街

8-111 ◆大缆巷

做冬 [tʃou²²toŋ⁵⁵]

澳门把过冬至称为"做冬",俗语说"冬大过年" [toŋ⁵⁵tai²²kɔ³³lin²¹],把冬至看成跟过年一样隆重。而"做冬"最主要的活动就是祭祀,拜门口土地、拜神、拜先人,因此准备祭品成了最重要的工作。

三牲 [ʃam⁵⁵ʃaŋ⁵⁵]

"三牲"是过冬的重要祭品,包括鸡、鱼、烧猪肉。

拜神菜 [pai³³ʃɐn²¹tʂʰɔi³³]

"拜神菜"由生菜、葱、芹菜、胡萝卜等蔬菜组成,用于祭祀。其中,生菜寓意"生财",葱寓意"聪慧",芹菜寓意"勤勉",胡萝卜寓意"好彩头"。

慈姑丁 [tʂʰi²¹ku⁵⁵teŋ³³]

"慈姑丁"是过冬时的祭品和常备食品,寓意添丁发财。此处"丁"读阴去,声调特殊。

8-112 ◆义字街

8-113 ◆义字街

经过长时期的发展，各地方言里都存在着丰富多彩的口彩、禁忌、俗语、谚语，流传着用本地方言讲述的民间故事，用本地方言表演的曲艺戏剧。这些具有浓郁地方特色和民间智慧的语言文学艺术现象，无疑是方言文化的重要内容。不过，由于这些现象主要都以语言为载体，世代口耳相传，难以像前面几章那样通过图片来表现。为了展现澳门方言文化的完整性和独特魅力，笔者把这些纯语言类的方言文化现象集中收录于此。

本章包括口彩禁忌、博彩语、俗语谚语、歌谣、曲艺戏剧、故事六个部分。口彩即吉利话、吉祥语，讨口彩就是使用吉利话。禁忌语是在某些场合需要避讳的语言文字成分，用于替代禁忌语的话语是婉辞（委婉语）。澳门粤语里的口彩禁忌文化丰富，说明当地语言崇拜观念、语言迷信心理比较严重，甚至可以说这是当地方言文化的重要特点之一。与部分传统方言民俗走向衰微的趋势有所不同，澳门博彩业的兴盛带动着澳门的博彩语呈现出生机勃勃的面貌，甚至兼收并蓄，有所创新。本章将反映"趋赢避输"的博彩语放在"口彩禁忌"一节表现，反映博彩者生活习性的俗语谚语放

玖 · 说唱表演

在"俗语谚语"一节中表现,同时另辟"博彩语"一节例举具有当地特色的、且能看出构词理据的博彩语,供读者参考。"俗语谚语"部分内容较多,大致按俗语、谚语、歇后语、谜语的顺序排列。"歌谣"主要收录当地广为人知、朗朗上口的儿歌和童谣。在澳门,粤剧、粤曲很受人们青睐,民间有自发组织的各种曲艺社团,每月定期组织曲艺戏剧表演,观众甚多,其乐融融。本章收录了一段粤剧和两段粤曲,部分片段由发音人亲自演唱,笔者在此基础上根据已有的音像材料转写而成,使其唱段较为完整。澳门粤语将故事称为"古仔"[ku^{35}tʃɐi^{35}],既有历代口耳相传的传统民间故事,也有发音人小时候亲历的真人真事,生活气息浓郁。

本章不收图片,体例上也与其他章有所不同。其中俗语谚语、歌谣、曲艺戏剧、故事几部分大致上按句分行,每句先写汉字,再标国际音标,如需注释就用小字加在句末。每个故事在最后附普通话意译。讲述故事时,语流音变现象(脱落、弱化、合音等)比较常见,本章完全依据讲述人的实际发音记录。

一口彩禁忌

三三不尽，六六无穷 [ʃam⁵⁵ʃam⁵⁵pɐt⁵tʃøn³³，lok²lok²mou²²kʰoŋ²¹]

　　数字"三""六"寓意福气源源不断，无穷无尽。

杏复 [hɐŋ²²fok⁵]

　　澳门"杏仁饼"[hɐŋ²²iɐn²¹pɐŋ³⁵]（见图4-39）是当地的知名点心，也是亲友往来时常备的馈赠佳品。由于"杏"与"幸"同音，人际交往时，会赠送对方两盒杏仁饼，取"杏复"与"幸福"同音的好寓意。此外，每盒内往往有10块饼，寓意"十全十美"。

大桔大梨 [tai²²kɐt⁵tai²²lei²¹]

　　过年时摆上桔子和梨，因"桔"与"吉"谐音，"梨"与"利"谐音，寓意"大吉大利"[tai²²kɐt⁵tai²²lei²²]。

百叶 [pak³ip²]

　　过年时要吃牛百叶，"百叶"与"百业"谐音，寓意"新年百业好"[ʃɐn⁵⁵lin²¹pak³ip²hou³⁵]。

虾 [ha⁵⁵]

　　过年时要吃虾，有虾的菜称为"哈哈大笑"[ha⁵⁵ha⁵⁵tai²²ʃiu³³]。由于粤语"虾"与"哈"同音，寓意笑口常开。

有鱼有剩 [iɐu³⁵y²¹iɐu³⁵tʃɐŋ²²]

　　"团年饭"[tʰyn²¹lin²¹fan²²]年夜饭要有鱼，同时这顿饭要剩下一些，不能吃完，寓意富余兴旺，年年有余。

发发声 [fat³fat³ʃɐŋ⁵⁵]

　　数字"八"寓意发财，是很受当地人喜爱的一个数字。

大发 [tai²²fat³]

发糕，逢年过节常见食品，祭祀时也常用发糕作为供品，以求神灵、祖先庇佑发财走运。（见图 4-33 至 4-34）

横财就手 [uɑŋ²¹tsʰɔi²¹tseu²²ʃɐu³⁵]

"团年饭"要吃"猪手"[tʃy⁵⁵ʃɐu³⁵]猪前蹄，把这道菜称为"横财就手"，寓意要发横财。

发菜蚝豉猪利 [fat³tsʰɔi³³hou²¹ʃi³⁵tʃy⁵⁵lei²²]

过年时要吃发菜（见图 8-20）和"蚝豉"[hou²¹ʃi³⁵]干牡蛎（见图 8-22），寓意"发财好市"[fat³tsʰɔi²¹hou³⁵ʃi³⁵]。现在这道菜里还加上"猪利"[tʃy⁵⁵lei²²]，即猪舌头，合称为"发财好市大利"[fat³tsʰɔi²¹hou³⁵ʃi³⁵tai²²lei²²]。

生菜 [ʃaŋ⁵⁵tsʰɔi³³]

逢年过节有摆放、食用生菜的习惯，寓意"生财"[ʃaŋ⁵⁵tsʰɔi²¹]。

借库 [tʃɛ³³fu³³]

在农历正月二十六有向观音"借库"的风俗。传说在这一天观音打开财库大门，将借钱给老百姓。由于"库"与"富"在澳门粤语里同音，都读 [fu³³]，因此把当天向观音求财的活动即为"借富"[tʃɛ³³fu³³]。具体做法是在祭拜完观音菩萨之后求签，签上写着的数字就是观音借给求签人的财富数额。次年再借时，要先"还库"[uan²¹fu³³]，再"借库"。

装修 [tʃɔŋ⁵⁵ʃɐu⁵⁵]

当地有些娱乐场一年四季都在装修，因"装修"与"庄收"同音，取庄家常胜之意，寓意一年四季稳赚不赔。

松柏长青 [tsʰoŋ²¹pʰak³tsʰœŋ²¹tsʰeŋ⁵⁵]

在办寿宴或办婚宴时，将松树、柏树摆放在一块儿，寓意长命百岁或百年好合。

长生店 [tsʰœŋ²¹ʃaŋ⁵⁵tim³³]

棺材铺的婉称（见图 7-38）。棺材的婉称还有"长生"[tsʰœŋ²¹ʃaŋ⁵⁵]、"长生木"[tsʰœŋ²¹ʃaŋ⁵⁵mok²]、"寿"[ʃɐu²²]、"寿板"[ʃɐu²²pan³⁵] 等。

去咗 [høy³³tʃɔ³⁵]

　　死的婉称。同类婉称还有"走咗"[tʃɐu³⁵tʃɔ³⁵]、"行咗"[haŋ²¹tʃɔ³⁵]、"唔系度"[m²²hɐi³⁵tou²²]、"仙游"[ʃin⁵⁵iɐu²¹]，等。

　　由于数字"四"[ʃei³³]与"死"[ʃei³⁵]读音相近，因此成了当地人非常忌讳的一个数字，有的大厦楼宇至今仍不设带4的楼层，有的酒楼不设带4的台位，车牌忌讳中间有4。

吉 [kɐt⁵]

　　粤语"空"与"凶"同音，读 [hoŋ⁵⁵]，因此避讳说"空"，凡是词语中涉及"空"的义项，都改称为"吉"[kɐt⁵]。如"吉屋"[kɐt⁵ŋok⁵]空房子、"吉碗"[kɐt⁵un⁵]空碗、"吉位"[kɐt⁵uɐi³⁵]空位、"交吉"[kau⁵⁵kɐt⁵]把空房子或空门面交给下一位租赁者。在博彩游戏里，如果没中奖或输了钱，往往自嘲为"得个吉"[tɐk⁵kɔ³³kɐt⁵]。

胜 [ʃeŋ³³]

　　当地博彩文化盛行，在口语里避讳说"输"，故口语里与"输"同音或音近的字往往婉称为"胜"[ʃeŋ³³]。如将历书称为"通胜"[tʰoŋ⁵⁵ʃeŋ³³]历书，又如"丝瓜"[ʃi⁵⁵kua⁵⁵]的"丝"[ʃi⁵⁵]受到后字介音的同化作用，听起来像"输⁼瓜"[ʃy⁵⁵kua⁵⁵]，故婉称为"胜瓜"[ʃeŋ³³kua⁵⁵]。

　　干杯、喝尽杯中酒在当地称为"饮胜"[iɐm³⁵ʃeŋ³³]，此处"胜"既可能为避讳说"干"的婉称（参见下文"润"[iøn³⁵]），也可能是避讳说表"完结""结束"义的"完"所致。

写大字 [ʃe³⁵tai²²tʃi²²]

　　将毛笔书法写作婉称为"写大字"，避讳说"输"音所致。又如在博彩游戏里输了钱，婉称为"邋遢"[lat²tʰat³]，也是避讳说"输"所致。

红 [hoŋ²¹]

　　"血"的婉称。如"猪红"[tʃy⁵⁵hoŋ²¹]猪血、"鸡红"[kɐi⁵⁵hoŋ²¹]鸡血、"鸭红"[ŋap³hoŋ²¹]鸭血。

润 [iøn³⁵]

　　"干"的婉称，此处"润"读 [35] 调，为变调。澳门地处入海口，水资源丰富，传统渔业以水为生，因此避讳含干旱、干燥等义项的字眼儿，例如，猪肝婉称为"猪润"[tʃy⁵⁵iøn³⁵]、干豆腐婉称为"豆腐润"[tɐu²²fu²²iøn³⁵]。

旺菜 [uɔŋ²²tʃʰɔi³³]

　　"淡菜"[tam²²tʃʰɔi³³]的婉称，"淡菜"即为青口贝，当地有将青口贝晒干后用作炖汤、炖菜的辅料的饮食习惯，原称为"淡菜"。后因避讳说与"惨淡""清淡"义相关的"淡"，故改称为"旺菜"。

通菜 [tʰoŋ⁵⁵tʃʰɔi³³]

空心菜。空心菜旧称"蕹菜"[ŋoŋ³³ʃɔi³³]，因"蕹"与表示埋葬义的"壅"[ŋoŋ⁵⁵]读音相近，故改称为"通菜"，寓意四通八达。

凉瓜 [lœŋ²¹kua⁵⁵]

苦瓜的婉称。避讳说"苦"，故改说"凉"。同类还有"凉茶"[lœŋ²¹tʃʰa²¹]，原义应为"苦口草药"，因避讳说"苦""药"而改称。

伯有 [pak³iɐu³⁵]

伯母的婉称。由于"伯母"与"百无"[pak³mou³⁵]同音，故改称为"伯有"，意为万事万物皆有。也有人将"妗母"[kʰɐm³⁵mou³⁵]舅妈改称为"妗有"[kʰɐm³⁵iɐu³⁵]的，也是避讳说"母"谐音"无"。

大吉利是 [tai²²kɐt⁵lei²²ʃi²²]

当地人的口头禅。如不小心说了一些不好听的、触犯禁忌的话，则马上需要说"大吉利是"，以此避免厄运。有时还会加上一句"□口水讲过"[lœ⁵⁵hɐu³⁵ʃøy³⁵kɔŋ³⁵kɔ³³]□[lœ⁵⁵]：吐出来，即"吐了口水再说一遍"。

落地开花，富贵荣华 [lɔk²tei²²hɔi⁵⁵fa⁵⁵，fu³³kuɐi³³uɐŋ²¹ua²¹]

不小心把东西打碎时说，以避免破碎、破损的厄运。

隔离翻哦 [kak³lei²¹fan⁵⁵ɔ³³]

"隔离"[kak³lei²¹]意为隔壁的、邻居的。澳门过去渔业发达，很多人以出海捕鱼为生。因此，在吃鱼时避免翻鱼身，如果不小心掀翻了鱼身，则说一句"隔离翻哦"，意思是别人家的渔船翻了，而自家平平稳稳。

乞儿仔 [hɐt⁵i⁵⁵tʃɐi³⁵]

若自家生了儿子，在对外报喜时将孩子谦称为"乞儿仔"，若生了女孩儿则谦称为"乞儿女"[hɐt⁵i⁵⁵løy³⁵]。与此相关的是，过去当地也有给自家孩子起贱名的风俗，以此祈求孩子平安成长。

二 博彩语

荷官 [hɔ³⁵kun⁵⁵]

指在博彩游戏里负责摇色子、发牌、公布输赢的职员，简称为"荷"[hɔ³⁵]，一说认为该称呼源于荷花出淤泥而不染的特质，希望这个职位的人能秉持公平、公正的原则。

有时还将"荷官"婉称为"班长"[pan⁵⁵tʃœŋ³⁵]。

□□妹 [pet²let⁵tʃet⁵mui⁵⁵]

指在扑克游戏"二十一点"[ia²²iɐt⁵tim³⁵]中派发扑克牌的女性"荷官"。"二十一点"的英语称呼为 Black Jack，"□□□"[pet²let⁵tʃet⁵]为其音译。

灯 [teŋ⁵⁵]

指牌运极差的人。原称为"黑灯"[hɐk⁵teŋ⁵⁵]，后婉称为"灯"。而牌运极佳的人称为"明灯"[meŋ²¹teŋ⁵⁵]，在博彩游戏里依据"灯"或"明灯"的下注情况进而决定自己如何下注的行为，称为"买灯"[mai³⁵teŋ⁵⁵]。

老千 [lou³⁵tʃʰin⁵⁵]

指在博彩游戏里作弊的人。"老千"中的高手称为"千王"[tʃʰin⁵⁵uɔŋ²¹]，其作弊行为称为"出千"[tʃʰøt⁵tʃʰin⁵⁵]。

艇仔 [teŋ³⁵tʃɐi³⁵]

指博彩娱乐场的工作人员所物色的为其在博彩游戏里暗暗下注的人。

心痛 [ʃem⁵⁵tʰoŋ³³]

指麻将牌面三筒，因"三筒"[ʃam⁵⁵tʰoŋ³⁵]与"心痛"读音相近，故因谐音而得名。谐音是博彩语产生的重要机制之一。

通过谐音而产生的常用博彩语如：将"四筒"[ʃei³³tʰoŋ³⁵]称为"屎桶"[ʃi³⁵tʰoŋ³⁵]，将"九万"[kɐu³⁵man²²]称为"救命"[kɐu³³meŋ²¹]，把牌九游戏二点头、三点尾的牌面称为"二婶"[i²²ʃem³⁵]，五点头、五点尾的牌面称为"呜呜车"[u⁵⁵u⁵⁵tʃʰe⁵⁵]原指救护车，等等。

月 [yt²]

指麻将牌面一筒，也有人称为"日本旗"[iɐt²pun³⁵kʰei³⁵]，因牌面与其所借喻的事物之间具有相似性而得名。在打麻将时，以自摸一筒和牌的场景被称为"海底捞月"[hɔi³⁵tʰɐi³⁵lou⁵⁵yt³⁵]。

形似也是博彩语产生的重要机制之一，以麻将中的筒子牌面为例，将二筒称为"狄娜"[tek²la²²]_{20世纪70年代的性感女星狄娜，因其上半身较为丰满，故被用于借喻二筒}，五筒称为"梅花"[mui²¹fa⁵⁵]，七筒称为"枪"[tʃʰœŋ⁵⁵]，八筒称为"棺材"[kun⁵⁵tʃʰoi²¹]，九筒称为"豆皮佬"[tɐu²²pʰei²¹lɐu⁵⁵]_{原指满脸疙瘩的人}。又如，将扑克牌面 J、Q、K 称为"公仔"[koŋ⁵⁵tsɐi³⁵]、电视机 [tin²²ʃi²²kei⁵⁵]，等等。

帽 [mou³⁵]

指麻将牌面六筒。因"六"与"绿"[lok²]同音，加上六筒牌面上方的两个圆圈宛如头顶上戴着帽子，故用"绿帽"[lok²mou³⁵]谑称六筒，简称为"帽"。这是谐音、形似两种机制共同作用而产生的博彩语，其意义更为隐晦。

烟士 [in⁵⁵ʃi³⁵]

指扑克牌面 A，是英语 Ace 的音译，有时简称为"烟"[in⁵⁵]。在西方传入的博彩游戏里，直接音译外语词的博彩语非常丰富，如扑克游戏"沙蟹"[ʃa⁵⁵hai³⁵]为英语 Show Hand 的音译，"百家乐"[pak³ka⁵⁵lɔk²]为法语词 Baccarat 的音译，等等。

蛇 [ʃɛ²¹]

五张连号的扑克牌，即顺子。

俘虏 [fu⁵⁵lou³⁵]

三张数字或人物相同扑克牌，加上一对数字或人物相同的牌。

黄袍旗 [uɔŋ²¹pʰou³⁵kʰei²¹]

指牌面为"A K Q J 10"的同花顺，其中以黑桃牌面的"黄袍旗"为最大。

卡窿 [kʰa⁵⁵loŋ⁵⁵]

麻将或扑克游戏里，本该连成顺子的牌面中间独缺一张的情况。如打麻将时，有一万、三万，独缺二万，则称为"卡窿二万"[kʰa⁵⁵loŋ³⁵i²²man²²]。

皮 [pʰei²¹]

指博彩游戏里的筹码。"收皮"[ʃɐu⁵⁵pʰei²¹]指将博彩游戏桌上的筹码收起来，后喻指歇业，"开皮"[hɔi⁵⁵pʰei²¹]指"收皮"后的第二天重新开局。

澳门粤语里，"皮"还可以指万元，如"一皮"[iɐt⁵pʰei²¹]指一万块钱。

吹 [tʃʰøy⁵⁵]

在"二十一点"博彩游戏中，如希望手中即将翻开的扑克牌面的点数越小越好，则在揭开牌面前常大喊"吹"。

顶 [teŋ³⁵]

与"吹"相反的是"顶"，即希望即将翻开的牌面与已有牌面（通常点数很小）的组合能达到最大点数。

食夹棍 [ʃek²kap³kuɐn³³]

指在牌九游戏里庄家、闲家点数相同，出现和局时，以庄家为胜的规则。后用于比喻中介人在买卖双方中做手脚，两方面通吃的现象。

抛渠榔头 [pʰau⁵⁵kʰøy³⁵loŋ²¹tʰɐu²¹]

指几人联合设局，吸引他人盲目下注并致其惨败的行为。

烙焊 [lɔk²hɔn²²]

指在牌九、麻将、扑克等牌面上做上记号，是一种"出老千"的行为。

坐定粒六 [tʃɔ²²teŋ²²lɐp⁵lɔk²]

指必胜无疑。"六"是骰子的最大点数，本义是得到了最大点数，所以赢的几率很高。

数词	隐语
烟 [in^{55}] Ace 的音译，此处指 "一"	贵仙 [kuɐi^{33}ʃin^{55}]
二 [i^{22}]	鱼翅 [y^{21}tʃʰi^{33}]
三 [ʃam^{55}]	升金 [ʃeŋ^{55}kɐm^{55}]
四 [ʃei^{33}]	色利 [ʃek^{5}lei^{22}]
五 [m^{35}]	云古 [uɐn^{21}ku^{35}]
六 [lok^{2}]	列蓄 [lit^{2}tʃʰok^{5}]
七 [tʃʰɐt^{5}]	升吉 [ʃeŋ^{55}kɐt^{5}]
八 [pat^{3}]	必发 [pit^{5}fat^{3}]
九 [kɐu^{35}]	居有 [køy^{55}iɐu^{35}]
十 [ʃɐp^{2}]	冇粒 [mou^{35}lɐp^{5}]
百 [pak^{3}]	草 [tʃʰou^{35}]
千 [tʃʰin^{55}]	边 [pin^{55}]
万 [man^{22}]	瓣 [fan^{22}]

以上为博彩语中数词的隐语。（参看邵朝阳 2003）从构词机制来看，"二"至"九"的隐语像原型的切口词或取切口词谐音构成；指代"一"的"烟""十"与切口下字韵母相同，"千""万"的原型韵母与隐语的韵母、声调相同，大概也是取原型的谐音构成隐语。至于将"百"称为"草"，理据不明。

三 俗语谚语

牛耕田，马食谷。[ŋɐu²¹kaŋ⁵⁵tʰin²¹，ma³⁵ʃek²kok⁵]

父赚钱，仔享福。[fu²²tʃan²²tʃʰin²¹，tʃɐi³⁵hœn³⁵fok⁵]

  比喻父辈为了子孙能过上好生活而辛勤创业。

家有二千，每日二钱，[ka⁵⁵iɐu³⁵i²²tʃʰin⁵⁵，mui³⁵iet²i²²tʃʰin²¹]

全无生计，用得几年？[tʃʰyn²¹mou²²ʃaŋ⁵⁵kei³³，ioŋ²²tɐk⁵kei³⁵lin²¹]

  婉劝他人切勿坐吃山空。

瘦田冇人耕，[ʃɐu²²tʰin²¹mou³⁵iɐn²¹kaŋ⁵⁵] 冇：没有

耕开有人争。[kaŋ⁵⁵hoi⁵⁵iɐu³⁵iɐn²¹tʃaŋ⁵⁵]

  指没有利益的事情没人愿意做，当有人去做了进而发现有利益时，大家又会去抢着做了。

鸡髀打人牙较＝软 [kei⁵⁵pei³⁵ta³⁵iɐn²¹ŋa²¹kau³³yn³⁵] 髀：大腿。牙较＝：牙床

  意为用好处来收买他人，使他人无法对自己不利。

杀人放火金腰带，[ʃat³iɐn²¹foŋ³³fɔ³⁵kɐm⁵⁵iu⁵⁵tai³³]

修桥整路冇尸骸。[ʃɐu⁵⁵kʰiu²¹tʃɐŋ³⁵lou²²mou³⁵ʃi⁵⁵hai²¹] 冇：没有

  用于表达对世道不公的愤慨。原意为无恶不作之徒享受荣华富贵，而辛苦工作的老实人却无善终。

忠忠直直，终需乞食 [tʃoŋ⁵⁵tʃoŋ⁵⁵tʃek²tʃek²，tʃoŋ⁵⁵ʃøy⁵⁵hɐt⁵ʃek²]

  意为正直之人最后只能落得乞讨的地步。

横床直竹，吞云吐雾。[uaŋ²¹tʃʰŋ²¹tʃek²tʃok⁵,tʰɐn⁵⁵uɐn²¹tʰou³³mou²¹]

  反映了过去抽大烟的人的状态。

赌仔靠得住，[tou³⁵tʃɐi³⁵kɐu³³tɐk⁵tʃy²²] 赌仔：嗜赌之人

猪乸会上树。[tʃy⁵⁵la³⁵ui³⁵ʃœŋ³⁵ʃy²²] 猪乸：母猪。"乸"为方言俗字，指雌性

  意为嗜赌之人靠不住。

输钱唔收手，[ʃy⁵⁵tʃʰin²¹m²¹ʃɐu⁵⁵ʃɐu³⁵] 唔：不

输到冇定＂走。[ʃy⁵⁵tou³³mou³⁵tɐŋ²²tʃɐu³⁵] 冇：没有。定＂：地方。走：跑

  意为嗜赌之人往往无法戒赌，最后必将一无所有。

执输行头，惨过败家。[tʃɐp⁵ʃy⁵⁵haŋ²¹tʰɐu²¹,tʃʰam³⁵kɔ³³pai³³ka⁵⁵]

  意为如果事事都落在别人后头，那比做败家子还糟糕。

小姐当丫鬟，[ʃiu³⁵tʃɛ³⁵tɔŋ³³ŋa⁵⁵uan²¹]

沉香当烂柴。[tʃʰɐm²¹hœŋ⁵⁵tɔŋ³³lan²¹tʃʰai²¹]

  比喻没有眼光，把好东西当成破烂儿，不会珍惜。

到处杨梅一样花 [tou⁵⁵tʃʰy³³iœŋ²¹mui²¹iɐt⁵iœŋ²¹fa⁵⁵]

  指无论在哪儿，事情和人的本质都是一样的。

卖花姑娘插竹叶 [mai²²fa⁵⁵ku⁵⁵lœŋ²¹tʃʰap³tʃok⁵ip²]

  比喻自己无法享用劳动成果。

禾杆□珍珠 [uɔ²¹kɔn³⁵kʰɐm³⁵tʃɐn⁵⁵tʃy³⁵] □[kʰɐm³⁵]：掩盖，盖上

  形容美好的一面被平庸、丑恶遮盖了。

蒙瘀瘀，人心当狗肺，[moŋ²¹pɐi³³pɐi³³, iɐn²¹ʃɐm⁵⁵tɔŋ³³kɐu³⁵fɐi³³] 蒙瘀瘀：稀里糊涂的

□居居，厕所当茶居。[ŋɔŋ²²køy⁵⁵køy⁵⁵, tʃʰi²¹ʃɔ³⁵tɔŋ³³tʃʰa²¹køy⁵⁵] □居居 [ŋɔŋ²²køy⁵⁵køy⁵⁵]：傻乎乎的

  指好坏、善恶不分。

搞搞震＝，冇帮衬。[kau³⁵kau³⁵tʃen³³, mou³⁵pɔŋ⁵⁵tʃʰɐŋ³³] 搞搞震＝：瞎折腾。冇：没有。帮衬：帮忙，也指光顾商家买东西
扎＝扎＝跳，两头□。[tʃat³tʃat³tʰiu³³, lœŋ³⁵tʰeu²¹tʰɐn²¹] □[tʰɐn²¹]：奔波、忙碌
  比喻看到别人有麻烦时，不去帮忙反而添乱、误事的人。

有钱系兄弟，[ieu³⁵tʃʰin³⁵hei²²heŋ⁵⁵tɐi²²] 系：是
冇钱系契弟。[mou³⁵tʃʰin³⁵hei²²kʰei³³tɐi²²] 冇：没有。契弟：骂人话，指男妓、混混
  表现人与人之间的关系会因利益而改变。

一枝竹仔易折弯，[iɐt⁵tʃi⁵⁵tʃok⁵tʃɐi³⁵i²²tʃit³uan⁵⁵]
几枝竹仔易折难。[kei³⁵tʃi⁵⁵tʃok⁵tʃɐi³⁵i²²tʃit³lan²¹]
  比喻单枪匹马难成大事，应齐心协力、团结一心。

开门七件事，[hɔi⁵⁵mun²¹tʃʰɐt⁵kin²²ʃi²²]
柴米油盐酱醋茶。[tʃʰai²¹mei³⁵ieu²¹im²¹tʃœŋ³³tʃʰou³³tʃʰa²¹]
  形容家庭一天的各种生计。

牛唔饮水唔□得牛头低 [ŋɐu²¹m²¹iɐm³⁵ʃøy³⁵m²¹kɐm²²tɐk⁵ŋɐu²¹tʰou²¹tei⁵⁵] 唔：不。□[kɐm²²]：按着、压着
  指不可用强迫的手段解决问题。

屙屎不出赖地硬 [ŋɔ⁵⁵ʃi³⁵m²¹tʃʰɵt⁵lai²²tei²²ŋaŋ²²]
  形容出了问题不从自己身上找原因，反而把责任推到无关的人或事上的行为。

有碗话碗，有碟话碟。[ieu³⁵un³⁵ua²²un³⁵, ieu³⁵tip²ua²²tip²] 话：说
  意为有一说一，就事论事。

食嘢唔做嘢，[ʃek²iɛ³⁵m²²tʃou²²iɛ³⁵] 嘢：方言俗字，泛指东西、事情
做嘢打烂嘢。[tʃou²²iɛ³⁵ta³⁵lan²²iɛ³⁵]
  批评好吃懒做、一事无成的人。

行得快，好世界 [haŋ²¹tɐk⁵fai⁵⁵, hou³⁵ʃei³³kai⁵⁵]
  比喻动作麻利的人往往更容易在社会立足。

终须有日龙穿凤，[tʃoŋ⁵⁵ʃøy⁵⁵iɐu³⁵iɐt²loŋ²¹tʃʰyn⁵⁵foŋ³⁵]

唔通日日裤穿窿？[m²¹tʰoŋ⁵⁵iɐt²iɐt²fu³³tʃʰyn⁵⁵loŋ⁵⁵] 唔通：难道。穿窿：破洞

  不得志的人用于自我勉励。意为终有一天能龙袍凤褂加身，不会天天穿着破烂裤子。

冤⁼猪头亦有蒙鼻菩萨，[yn⁵⁵tʃy⁵⁵tʰɐu²¹k²iɐu³⁵moŋ²¹pei²²pʰu²¹ʃat³] 冤⁼：傻臭的

□脚鹩哥亦有飞来蜢。[pɐi⁵⁵kœk³lɐu⁵⁵kɔ⁵⁵ik²iɐu³⁵fi⁵⁵lɔi²¹maŋ³⁵] □脚[pɐi⁵⁵kœk³]：瘸腿的。蜢：蚂蚱

  意同瞎猫碰到死耗子。

一命二运三风水，[iɐt⁵mɐŋ²²i²²uɐn²²ʃam⁵⁵foŋ⁵⁵ʃøy³⁵]

四积阴德五读书。[ʃei³³tʃek⁵iɐm⁵⁵tɐk⁵m³⁵tok⁵ʃy⁵⁵]

  谈天命、运气、风水、积德、学习对人生的影响。

一转人，[iɐt⁵tʃyn³³iɐn²¹] 转：头上的旋儿

二转鬼，[i²¹tʃyn³³kuɐi³⁵]

三转马骝仔。[ʃam⁵⁵tʃyn³³ma³⁵lɐu⁵⁵tʃɐi³⁵] 马骝仔：猴子。在此比喻机灵古怪的人

  指人头上的旋儿数量与性格之间的关系。

唔怕生坏命，[m²¹pʰa³³ʃaŋ⁵⁵uai²²mɐŋ²²] 唔：不

最怕改坏名。[tʃøy³³pʰa³³kɔi⁵⁵uai²²mɛŋ³⁵] 改：起（名字）

  指起名字对人的命运有至关重要的作用。

同人不同命，[tʰoŋ²¹iɐn²¹m²¹tʰoŋ²¹mɐŋ²²]

同遮不同柄。[tʰoŋ²¹tʃɛ⁵⁵m²¹tʰoŋ²¹pɐŋ³³] 遮：伞

  比喻同样条件的人却有着截然不同的命运或遭遇。

头尖额窄，冇利贵格。[tʰɐu²¹tʃin³³ŋak²tʃak³，mou³⁵lei²²kuɐi³³kak³] 冇：没有。贵格：有富贵运的八字格局

  形容面相与命运的关系，指头形尖、额头窄的人没有富贵命。

一粒豆皮三分贵，[iɐt⁵lɐp⁵tɐu²²pʰei²¹ʃam⁵⁵fɐn⁵⁵kuɐi³³] 豆皮：脸上的疙瘩

满面豆皮贱过泥。[mun³⁵min²²tɐu²²pʰei²¹tʃin³³kɔ³³lɐi²¹]

  形容面相与命运的关系，指脸上长着一个疙瘩是富贵之相，而满脸疙瘩则是贫贱之相。

男人口大食四方，[lam²¹ɪɐn³⁵hɐu³⁵tai²²ʃek²ɕi³³fɔŋ⁵⁵]

女人口大食穷郎。[løy³⁵iɐn³⁵hɐu³⁵tai²²ʃek²kʰoŋ²¹lɔŋ²¹]

  形容面相与命运的关系，指嘴巴大的男人往往富贵，嘴巴大的女人对夫家财运不利。

扁鼻姑娘奶奶相 [pin³⁵pei²²ku⁵⁵lœŋ²¹lai²¹lai³⁵ʃœŋ³³] 奶奶：有钱人家的夫人

  形容面相与命运的关系，指鼻梁塌的女孩儿易嫁得好人家。

好眉好貌生沙虱 [hou³⁵mei²¹hou³⁵mau²²ʃaŋ⁵⁵ʃa⁵⁵ʃɐt⁵]

  比喻金玉其外、败絮其中的人。

密实姑娘假正经 [mɐt²ʃɐp²ku⁵⁵lœŋ²¹ka³⁵tʃɐŋ³³kɐŋ⁵⁵] 密实：正经的，保守的

  形容人心口不一，常用于嘲笑老姑娘。

盲精哑毒□招⁼积⁼[maŋ²¹tʃɛŋ⁵⁵ŋa³⁵tok²pɐi⁵⁵tʃiu⁵⁵tʃek⁵] □[pɐi⁵⁵]：瘸的；招⁼积⁼：嚣张、招摇

  盲人精明，哑巴有心计，瘸子态度招摇，表现了对残障人士的偏见。

人老精，鬼老灵。[iɐn²¹lou³⁵tʃɛŋ⁵⁵，kuɐi³⁵lou³⁵lɛŋ²¹] 精：精明

  比喻年长者经验丰富，手段高明。

又哭又笑，黄狗射尿。[iɐu²²hok²iɐu²²ʃiu³³，uaŋ²¹kɐu³⁵ʃɛ²²liu²²]

  讥讽小孩儿忽哭忽笑。

隔离婆仔饭焦香 [kak³lei²¹pʰɔ²¹tʃɐi³⁵fan²²tʃiu⁵⁵hœŋ⁵⁵] 隔离：隔壁的，邻居的。饭焦：锅巴

  形容孩子们觉得自家的饭菜还不如邻居家的锅巴好吃的心态。

有心唔怕迟，[ieu³⁵ʃem⁵⁵m²¹pʰa³³tʃʰi²¹]

十月都系拜年时。[ʃɐp²yt²tou⁵⁵hɐi²²pai³³lin²¹ʃi²¹] 系：是

  意为只要有诚意，做事就不怕晚。

二八天时乱穿衣 [i²²pat³tʰin⁵⁵ʃi²¹lyn²²tʃʰyn⁵⁵i⁵⁵]

  指农历二月、八月时气温变化较快，因此一会儿要添衣服，一会儿要减衣服，没定数。

未食五月粽，[mei²²ʃek²m³⁵yt²tʃoŋ³⁵]

寒衣不敢送。[hɔn²²i⁵⁵pɐt⁵kɐm³⁵ʃʊŋ³³]

  指在端午节以前天气仍有可能转冷，故不能把过冬的衣物收起来。

夏至狗，冇定＝走 [ha²²tʃi³³kɐu³⁵，mou³⁵tɐŋ²²tʃeu³⁵] 定＝：地方。冇：没有。走：跑

  过去在夏至时有吃狗肉进补的风俗，因此说到了夏至，狗都躲起来，不能到处遛了。

春鯿秋鲤夏三泥 [tʃʰøn⁵⁵pin⁵⁵tʃʰɐu⁵⁵lei³⁵ha²²ʃam⁵⁵lɐi²¹] 三泥：鲥鱼

  反映了澳门的饮食习惯，即春天吃鯿鱼，秋天吃鲤鱼，夏天吃鲥鱼。

拍大髀，唱山歌，[pak³tai²²pei³⁵，tʃʰœŋ⁵⁵ʃan⁵⁵kɔ⁵⁵] 髀：腿

人人话我冇老婆，[iɐn²¹iɐn²¹ua²²ŋɔ³⁵mou³⁵lou⁵⁵pʰɔ²¹] 冇：没有

□起心肝娶翻＝个，[tek⁵hei³⁵ʃem⁵⁵kɔn⁵⁵tʃʰøy³⁵fan⁵⁵kɔ³³] □[tek⁵]：拎。翻＝：趋向补语，相当于"回"

有钱娶个娇娇女，[ieu³⁵tʃʰin³⁵tʃʰøy³⁵kɔ³³kiu⁵⁵kiu⁵⁵lɵy³⁵]

冇钱娶个豆皮婆。[mou³⁵tʃʰin³⁵tʃʰøy³⁵kɔ³³tɐu²²pei²²pʰɔ²¹] 豆皮婆：脸上长满疙瘩的女人

  单身汉被嘲笑或自嘲时说。

濑尿虾，煲冬瓜，[lai²²liu²²ha⁵⁵，pou⁵⁵toŋ²¹kua⁵⁵] 濑尿虾：学名为口虾蛄，即北方人所说的皮皮虾

煲唔熟，赖阿妈。[pou⁵⁵m²¹ʃok²，lai²²a³³ma⁵⁵] 唔：不

  嘲笑小孩子尿裤子或尿床。

大虾⁼细，畀屎喂，[tai²²ha⁵⁵ʃei³³, pei³⁵ʃi³⁵uei³³] 虾⁼：欺负、作弄。细：这里指年纪小的人。畀：给、让
细虾⁼大，畀尿濑。[ʃei³³ha⁵⁵tai²², pei³⁵liu²²lai²²] 濑：撒尿、尿裤子
    规劝小孩要团结，不要欺负别人。

男人头，女屎窟，[lam²¹iɐn²¹tʰɐu²¹, løy³⁵ʃi³⁵fɐt⁵] 屎窟：屁股
男厕女厕都入得。[lam²¹tʃʰi³³løy³⁵tʃʰi³³tou⁵⁵iɐp²tɐk⁵]
    嘲笑剪了短发的女性。

八婆珍，食馄饨，[pat³pʰɔ²¹tʃɐn⁵⁵, ʃɐk²uɐn²¹tʰɐn⁵⁵] 八婆：好管闲事的女性
打烂碗，赔十文。[ta³⁵lan²¹un³⁵, pʰui²¹ʃɐp²mɐn³⁵] 文：修饰钱的量词，"十文"即十块钱
    嘲笑女性。

□松⁼，□松⁼，[lau⁵⁵ʃoŋ⁵⁵, lau⁵⁵ʃoŋ⁵⁵]
  □松⁼ [lau⁵⁵ʃoŋ⁵⁵]：指北方人，这里的"松"与松紧的"松"同音，但不同于松树的"松" [tʃʰoŋ²¹]
唔食芫荽葱，[m²¹ʃɐk²in²¹ʃei⁵⁵tʃʰoŋ⁵⁵] 唔：不
买定棺材掘定窿。[mai³⁵teŋ²²kun⁵⁵tʃʰɔi²¹kuɐt²teŋ²²loŋ³⁵] 窿：洞，这里指坟穴
    讥讽当地说官话且不会说粤语的北方人。

地上执到宝，[tei²²ʃœŋ²²tʃɐp⁵tou³³pou³⁵] 执：捡、拾
问天问地攞唔到。[mɐn²²tʰin⁵⁵mɐn²²tei²²lɔ³⁵m²¹tou³⁵] 攞：拿。唔：不
    在捡到东西后说，经自我安慰后便可堂而皇之地将东西拿走。

人又老，钱又冇，[iɐn²¹iɐu²²lou³⁵, tʃʰin³⁵iɐu²²mou³⁵] 冇：没有
老婆又走路。[lɐu³⁵pʰɔ²¹iɐu²²tʃɐu³⁵lou³⁵] 走路：逃跑
    比喻一无所有。

丑丑丑，[tʃʰɐu³⁵tʃʰɐu³⁵tʃʰɐu³⁵]
丑□耳仔送烧酒。[tʃʰɐu³⁵lɐt⁵i³⁵tʃei³⁵ʃoŋ³³ʃiu⁵⁵tʃɐu³⁵] □ [lɐt⁵]：掉
    嘲笑他人长相或打扮不好看。

唔怕丑，生仔生到四十九。[m²¹pʰa³³tʃɐu³⁵, ʃaŋ⁵⁵tʃei³⁵ʃaŋ⁵⁵tou³³ʃei³³ʃɐp²kɐu³⁵] 唔：不。怕丑：害羞

讽刺已有了好几个孩子，但又怀了孕的女人。

外母见女婿，[ŋɔi²²mou³⁵kin³³løy³⁵ʃɐi³⁵] 外母：丈母娘

口水□□递。[hɐu³⁵ʃøy³⁵tɛ²¹tɐ³⁵tɐi³³] □□递 [tɛ²¹tɐ³⁵tɐi³³]：口水往下流的样子

形容丈母娘对女婿的喜爱。

黄枇树鹩哥——不熟不食 [uɔŋ²¹pei²¹ʃy²²lɐu⁵⁵kɔ⁵⁵—pɐt²¹ʃok²pɐt²¹ʃek²]

比喻骗子专找熟人下手行骗。

蜑家佬打醮——冇得坛 [tan²²ka⁵⁵lou³⁵ta³⁵tʃiu³³—mou³⁵tɐk²tʰan²¹] 冇：没有。坛：谐"谈"[tʰam²¹]，二者读音相近

比喻事情没法商量。

蜑家婆摸蚬——递筛 [tan²²ka⁵⁵pʰɔ³⁵mɔ³⁵hin³⁵—tɐi²²ʃɐi³³]

递筛：本音为[tɐi³³ʃɐi⁵⁵]，与"第二世"[tɐi²²ʃɐi³³]读音接近；"第二"原读为[tɐi²²i²²]，合音读[tɐi²²]

比喻结果遥遥无期，不可期待。

蜑家鸡——见水唔得饮 [tan²²ka⁵⁵kɐi⁵⁵—kin⁵⁵ʃøy³⁵m²¹tɐk⁵iɐm³⁵] 唔：不

比喻见到了想要的东西，却又得不到。

□地游水——够嘥稳阵 [kɐm²²tei²²iɐu²¹ʃøy³⁵—kɐu³³ʃai³³uɐn³⁵tʃɐn²²]

□[kɐm²²]：按着、压着。嘥：结构助词，表示完成。稳阵：有把握的，稳妥的

比喻做事十拿九稳。

和尚担遮——无发无天 [uɔ²²ʃœŋ³⁵tam⁵⁵tʃɛ⁵⁵—mou²¹fat³mou²¹tʰin⁵⁵] 发：谐"法"

比喻为人处世毫无顾忌。

盲佬贴符——倒贴 [maŋ²¹lou³⁵tʰip³fu²¹—tou³³tʰip³]

比喻为人处世未经考虑，导致做了亏本买卖。

水瓜打狗——唔见一□ [søy³⁵kua⁵⁵ta³⁵kɐu³⁵ — m²¹kin³³a⁵⁵kyt²] 水瓜：外表无棱的丝瓜。唔：不。□[kyt²]：量词
  比喻损失惨重，投资有去无回。

阿茂整饼——冇个样，整个样 [a³³mou²²tʃɛŋ³⁵pɛŋ³⁵ — mou³⁵kɔ³³iøŋ²¹，tʃɛŋ³⁵kɔ³³iøŋ²¹]
  冇：没有。个：远指代词，那
  讽刺没事儿找事儿，多此一举。

大良阿斗官——败家仔 [tai²²lœŋ²¹a³³tɐu³⁵kun⁵⁵ — pai²²ka⁵⁵tʃɐi³⁵] 大良：古顺德县城关。阿斗：原型为刘备之子刘禅
  比喻家业富不过二代。

屎坑关刀——冇张利 [ʃi³⁵haŋ⁵⁵kuan⁵⁵tou⁵⁵ — mou³⁵tʃœŋ⁵⁵lei²²] 屎坑：厕所。冇：没有。张：量词
  指毫无本事，一事无成。

一点一划长，[iɐt⁵tim³⁵iɐt⁵uak²tʃʰœŋ²¹]
斜斜凭支枪，[tʃʰɛ²¹tʃʰɛ²¹pɐŋ²²tʃi⁵⁵tʃʰœŋ⁵⁵] 凭：背部靠着、挨着
阿十对阿十，[a³³ʃɐp²tøy³³a³³ʃɐp²]
日头对月亮。——廟 [iɐt²tʰɐu²¹tøy³³yt²lœŋ²² — miu²²]
  字谜。

一点一划长，[iɐt⁵tim³⁵iɐt⁵uak²tʃʰœŋ²¹]
斜斜凭支枪，[tʃʰɛ²¹tʃʰɛ²¹pɐŋ²²tʃi⁵⁵tʃʰœŋ⁵⁵]
阿木对阿木，[a³³mok²tøy³³a³³mok²]
阿公冇咗窟肉。——麼 [a³³koŋ⁵⁵mou³⁵tsɔ³⁵fɐt⁵iok²² — mɔ⁵⁵]
  冇：没有。咗：结构助词，相当于"了"。窟：量词，块
  字谜。

四 歌谣

□□转，菊花园，[tʰɐm²¹tʰɐm²¹tʃyn³³, kok⁵fa⁵⁵yn²¹] □□转 [tʰɐm²¹tʰɐm²¹tʃyn³³]：一圈又一圈旋转的样子

阿妈叫我睇龙船。[a³³ma⁵⁵kiu³³ŋɔ³⁵tʰɐi³⁵loŋ²¹ʃyn²¹] 睇：看

我唔睇，睇鸡仔，[ŋɔ³⁵m²¹tʰɐi³⁵, tʰɐi³⁵kɐi⁵⁵tʃɐi³⁵] 唔：不

鸡仔大，捉去卖。[kɐi⁵⁵tʃɐi³⁵tai²², tʃok³hœy³³mai²²]

卖得几多钱？[mai²²tɐk⁵kei³⁵tɔ⁵⁵tʃʰin²¹]

卖得三十银钱！[mai²²tɐk⁵ʃam⁵⁵ʃɐp²ŋɐn²¹tʃʰin²¹]

　　童谣。在端午节时说唱。

月光光，照地堂，[yt²kɔŋ⁵⁵kɔŋ⁵⁵, tʃiu⁵⁵tei²²tʰɔŋ²¹] 地堂：天井下方正对庭院的那一块空地

年三晚，择槟榔，[lin²¹ʃam⁵⁵man³⁵, tʃak²pɐn⁵⁵lɔŋ²¹] 年三晚：大年三十的晚上。择：摘

槟榔香，择子姜，[pɐn⁵⁵lɔŋ²¹hœŋ⁵⁵, tʃak²tʃi³⁵kœŋ⁵⁵]

子姜辣，买菩萨，[tʃi³⁵kœŋ⁵⁵lat², mai³⁵pʰu²¹ʃat³]

菩萨苦，买猪肚，[pʰu²¹ʃat³fu³⁵, mai³⁵tʃy⁵⁵tʰou³⁵]

猪肚肥，买牛皮，[tʃy⁵⁵tʰou³⁵fei²¹, mai³⁵ŋɐu²¹pʰei²¹]

牛皮薄，买菱角，[ŋɐu²¹pʰei²¹pɔk³, mai³⁵lɐŋ²¹kɔk³]

菱角尖，买马鞭，[lɐŋ²¹kɔk³tʃim⁵⁵, mai³⁵ma³⁵pin⁵⁵]

马鞭长，起屋梁，[ma³⁵pin⁵⁵tʃʰœŋ²¹, hei³⁵ŋɔk⁵lœŋ²¹] 起屋梁：修大梁，这里指建房子

屋梁高，买张刀，[ŋɔk⁵lœŋ²¹kou⁵⁵, mai³⁵tʃœŋ⁵⁵tou⁵⁵] 张：量词

刀切菜，买饭盖，[tou⁵⁵tʃʰit³tʃʰɔi³³, mai³⁵fan²²kɔi³³] 饭盖：饭锅的盖子

饭盖圆，买只船，[fan²²kɔi³³yn²¹, mai³⁵tʃɛk³ʃyn²¹]

船浸底，[ʃyn²¹tʃɐm³³tɐi³⁵] 浸：淹没

浸死两个红毛番鬼仔，[tʃɐm⁵⁵ʃei³⁵lœŋ³⁵kɔ³³hoŋ²¹mou³⁵fan⁵⁵kuɐi³⁵tʃɐi³⁵]
  红毛番鬼仔：对葡据时期葡萄牙人的贬称
一个浮面，一个沉底。[iɐt⁵kɔ³³pʰou²¹min³⁵，iɐt⁵kɔ³³tʃʰɐm²¹tɐi³⁵]
  童谣。

排排坐，食粉果，[pʰai²¹pʰai²¹tʃɔ³⁵，ʃek²fɐn³⁵kɔ³⁵] 粉果：当地特色食品，见图4-28、4-29
猫儿担凳姑娘坐。[mau⁵⁵i⁵⁵tam⁵⁵tɐŋ⁵⁵ku⁵⁵lœŋ²¹tʃɔ³⁵] 担：用肩膀挑
坐烂屎窟冇赖我，[tʃʰɔ³⁵lan²²ʃi³⁵fɐt⁵mou³⁵lai²²ŋɔ³⁵] 冇：别。屎窟：屁股
赖翻隔离二叔婆。[lai²²fan⁵⁵kak³lei²¹i²²ʃok⁵pʰɔ³⁵] 翻＝：趋向补语，相当于"回"。隔离：隔壁的
  童谣。分吃食物时说唱。

鸡公仔，尾弯弯，[kɐi⁵⁵koŋ⁵⁵tʃɐi³⁵，mei³⁵uan⁵⁵uan⁵⁵] 鸡公仔：小公鸡
三岁孩儿学唱歌。[ʃam⁵⁵ʃøy³³hai²¹i²¹hɔk⁵tʃʰœŋ⁵⁵kɔ⁵⁵]
唔使爹娘教精我，[m²¹ʃei³⁵tɛ⁵⁵lœŋ²¹kau³³tʃɛŋ⁵⁵ŋɔ³⁵] 唔：不。精：精明
自己精□冇奈何。[tʃi²¹kei³⁵tʃɛŋ⁵⁵lɛk⁵mou³⁵lɔi²²hɔ²¹] □[lɛk⁵]：能干。冇：没有
  童谣。

点指兵兵，[tim³⁵tʃi³⁵peŋ⁵⁵peŋ⁵⁵]
点着谁人做大兵。[tim³⁵tʃœk²ʃøy²¹iɐn²¹tʃou²²tai²²peŋ⁵⁵]
点指贼贼，[tim³⁵tʃi³⁵tʃʰak²tʃʰak²]
点着谁人做大贼。[tim³⁵tʃœk²ʃøy²¹iɐn²¹tʃou²²tai²²tʃʰak²]
  童谣。儿童围坐一圈，一边念一边用手指依次点人，说到"大兵"时点中的人在游戏里饰演兵的角色，说到"大贼"时点中的人则饰演贼的角色。

点虫虫，虫虫飞，[tim³⁵tʃʰoŋ²¹tʃʰoŋ³⁵，tʃʰoŋ²¹tʃʰoŋ³⁵fei⁵⁵]
飞到荔枝基。[fei⁵⁵tou³³lɐi²²tʃi⁵⁵kei⁵⁵] 荔枝基：地名
  童谣。伸出双手的食指一边互相点，一边说。

卖懒，卖懒，[mai²²lan³⁵，mai²²lan³⁵]
卖到年三十晚，[mai²²tou³³lin²¹ʃam⁵⁵ʃɐp²man³⁵]

人懒我唔懒。[iɐn²¹lan³⁵ŋɔ³⁵m²¹lan³⁵] 唔：不

  童谣。以前过年之前小孩儿有提着灯笼到街上卖懒的风俗，意为把懒惰卖掉，希望来年勤奋进取。

八月十五是中秋，[pat³yt²ʃɐp²m³⁵ʃi²²tʃoŋ⁵⁵tʃʰɐu⁵⁵]
有鸡有鸭有芋头。[iɐu³⁵kei⁵⁵iɐu³⁵ŋap³iɐu³⁵u²²tʰɐu²¹]
辘柚水柿同月饼，[lok⁵iɐu³⁵ʃøy³⁵tʃʰi³⁵tʰoŋ²¹yt²pɐŋ³⁵]

  辘柚：柚子。水柿：用绿柿子腌制而成，见图8-94
一轮争食打崩头。[iɐt⁵løn²¹tʃaŋ⁵⁵ʃek²ta³⁵pɐŋ⁵⁵tʰɐu²¹]

  童谣。过去物质匮乏，反映了八月十五孩子们争抢着吃东西的状态。

落雨大，水浸街，[lɔk²y³⁵tai²², ʃøy³⁵tʃɐm³³kai⁵⁵]
阿哥担柴上街买，[a³³kɔ⁵⁵tam⁵⁵tʃʰai²¹ʃœŋ³⁵kai⁵⁵mai²²]
阿嫂出街着花鞋，[a³³ʃou³⁵tʃʰøt⁵kai⁵⁵tʃøk³fa⁵⁵hai²¹] 着：穿
花鞋花袜花腰带。[fa⁵⁵hai²¹fa⁵⁵mɐt²fa⁵⁵iu⁵⁵tai³³]

  童谣。下雨的时候唱。

董存瑞，十八岁，[toŋ³⁵tʃʰyn²¹ʃøy³³, ʃɐp²pat³ʃøy³³]
为国牺牲炸堡垒。[uɐi²²kɔk³hei⁵⁵ʃɐŋ⁵⁵tʃa³³pou³⁵løy³⁵]
炸到堡垒辘⁼辘⁼脆，[tʃa³³tou³³pou³⁵løy³⁵lok⁵lok⁵tʃʰøy³³] 辘⁼辘⁼脆：形容不堪一击
全国人民敬仰渠。[tʃʰyn²¹kɔk³iɐn²¹mɐn²¹keŋ³⁵iœŋ³⁵kʰøy³⁵] 渠：他，第三人称代词单数形式

  童谣。歌颂革命英雄董存瑞。

打开蚊帐，打开蚊帐，[ta³⁵hoi⁵⁵mɐn⁵⁵tʃœŋ³³, ta³⁵hoi⁵⁵mɐn⁵⁵tʃœŋ³³]
有只蚊，有只蚊，[iɐu³⁵tʃɛk³mɐn⁵⁵, iɐu³⁵tʃɛk³mɐn⁵⁵]
快啲攞只拍来，快啲攞只拍来，[fai³³ti⁵⁵lɔ³⁵tʃɛk³pak³lɔi²¹, fai³³ti⁵⁵lɔ³⁵tʃɛk³pak³lɔi²¹]

  啲：方言俗字，量词，些。攞：拿
拍晕渠，拍晕渠。[pʰak³uɐn²¹kʰøy³⁵, pʰak³uɐn²¹kʰøy³⁵] 渠：它，第三人称代词单数形式

  童谣。打蚊子的时候唱。

摇摇摇，[iu²¹iu²¹iu²¹]

摇到外婆桥。[iu²¹tou³³ŋɔi²²pʰɔ²¹kʰiu²¹]

外婆话我好宝宝，[ŋɔi²²pʰɔ²¹ua²²ŋɔi³⁵hou³⁵pou³⁵pou³⁵] 话：说，这里指夸奖

我送外婆糯米糕。[ŋɔi³⁵ʃoŋ³³ŋɔi²²pʰɔ²¹lɔ²²mɐi³⁵kou⁵⁵]

　　童谣。

□姑乖，□姑大。[ŋɔi³⁵ku⁵⁵kuai⁵⁵，ŋɔi³⁵ku⁵⁵tai²²] □姑 [ŋɔi³⁵ku⁵⁵]：小姑娘

□大姑乖嫁后街。[ŋɔi³⁵tai²²ku⁵⁵kuai⁵⁵ka³³hɐu²²kai⁵⁵]

后街有啲物嘢卖？[hɐu²²kai⁵⁵iɐu³⁵ti⁵⁵mɐt⁵iɛ³⁵mai²²] 啲：方言俗字，量词，些。物嘢：什么东西，嘢，方言俗字，指东西、物体

后街有啲鲜鱼鲜肉卖。[hɐu²²kai⁵⁵iɐu³⁵ti⁵⁵ʃin⁵⁵y²¹ʃin⁵⁵iok²mai²²]

　　摇篮曲。

月光光，照地堂。[yt²kɔŋ⁵⁵kɔŋ⁵⁵，tʃiu⁵⁵tei²²tʰɔŋ²¹]

虾仔你乖乖困落床。[ha⁵⁵tʃɐi³⁵lei³⁵kuai⁵⁵kuai⁵⁵fɐn³³lɔk²tʃʰɔŋ²¹] 困落床：睡到床上去

听＂朝阿妈要赶去插秧，[tʰeŋ⁵⁵tʃiu⁵⁵a³³ma⁵⁵iu³³kuɔŋ³⁵høy³³tʃʰap³iœŋ⁵⁵] 听＂朝：明天

阿爸织网要织到天光。[a³³pa²¹tʃek³mɔŋ³⁵iu³³tʃek³tou³³tʰin⁵⁵kɔŋ²¹] 天光：天亮

　　摇篮曲。

行街街，[haŋ²¹kai⁵⁵kai⁵⁵] 行：走，逛

行到街边执个橙，[haŋ²¹tou³³kai⁵⁵pin⁵⁵tʃɐp⁵kɔ³³tʃʰaŋ³⁵] 执：捡

橙好食，路好行。[tʃʰaŋ³⁵hou³⁵ʃek²，lou²²hou³⁵haŋ²¹]

　　童谣。常在哄孩子睡觉的时候唱。

一梳梳到尾，[iɐt⁵ʃɔ⁵⁵ʃɔ⁵⁵tou³³mei³⁵]

二梳梳到白发齐眉，[i²¹ʃɔ⁵⁵ʃɔ⁵⁵tou³³pak²fat³tʃʰɐi²¹mei²²]

三梳梳到儿孙满地。[ʃam⁵⁵ʃɔ⁵⁵ʃɔ⁵⁵tou³³i²¹ʃyn⁵⁵mun³⁵tei²²]

　　出嫁盘头时唱的出嫁歌。

五 曲艺戏剧

粤剧《山伯临终》选段

（白：）人世无缘同到老，[iɐn²¹ʃɐi³³mou²¹yn²¹tʰoŋ²¹tou³³lou³⁵]

楼台一别，[lɐu²¹tʰɔi²¹iɐt⁵pit²]

（唱：）两吞声啊，[lœŋ³⁵tʰøn⁵⁵ʃeŋ³³a³³]

泪似帘外雨，[løy²²tʃʰi³⁵lim²¹ŋɔi²²y³⁵]

点滴到啊天明，[tim³⁵tek⁵tou³³a³³tʰin⁵⁵meŋ²¹]

空房冷啊冰冰，[hoŋ⁵⁵foŋ²¹laŋ³⁵a³³peŋ⁵⁵peŋ⁵⁵]

山伯孤零零，[ʃan⁵⁵pak³ku⁵⁵leŋ²¹leŋ⁵⁵]

刻骨相思唯有病，[hɐk⁵kuɐt⁵ʃœŋ⁵⁵ʃi⁵⁵uɐi²¹iɐu³⁵peŋ²²]

一腔恨怨解不胜。[iɐt⁵hoŋ⁵⁵hɐn²¹yn³³kai³⁵pɐt⁵ʃeŋ³³]

（白：）英台妹啊！[ieŋ⁵⁵tʰɔi²¹mui³⁵a³³]

（唱：）梁兄唤你千声不应。[lœŋ²¹heŋ⁵⁵un²¹lei³⁵tʃʰin⁵⁵ʃeŋ⁵⁵pɐt⁵ieŋ³³]

好同啊窗，[hou²¹tʰoŋ²¹a³³tʃʰœŋ⁵⁵]

缘暗订啊，[yn²¹ŋɐm³³teŋ³³a³³]

三年结伴百般情啊，[ʃam⁵⁵lin²¹kit³pun³³pak³pun⁵⁵tʃʰeŋ²¹a³³]

有谁知道同林鸟散惊弓啊弹，[iɐu³⁵ʃøy²¹tʃi⁵⁵tou³³tʰoŋ²¹lɐm²¹liu³⁵ʃan³³keŋ⁵⁵koŋ⁵⁵a³³tan²²]

到头来牛女星啊分，[tou³³tʰɐu²¹lɔi²¹ŋɐu²¹løy³⁵ʃeŋ⁵⁵a³³fɐn⁵⁵]

啊，怨父兄，[a²¹, yn³³fu²²heŋ⁵⁵]

说什么舐犊啊关怀，[ʃyt³ʃɐm²¹mɔ⁵⁵ʃai³³tok²a³³kuan⁵⁵uai²¹]

分明陷英啊台，[fɐn²¹meŋ²¹ham²¹ieŋ⁵⁵a³³tʰɔi²¹]

落啊井。[lɔk²a³³tʃɛŋ³⁵]

选啊婿重啊金啊龟，[ʃyn³⁵a³³ʃɐi³³tʃoŋ²²a³³kɐm⁵⁵a³³kuɐi⁵⁵]

拒婚嫌薄啊聘，[kʰøy³⁵fen⁵⁵im²¹pɔk²a³³pʰeŋ³³]

害得我簪啊折诶堕银啊瓶啊。[hɔi²²tɐk⁵ŋɔ³⁵tʃam⁵⁵a³³tʃit³e³³tɔ²²ŋɐn²¹a³³pʰeŋ²¹a³³]

数寒更，悲独啊听，[ʃou³⁵hɔn²¹kɐŋ⁵⁵, pei⁵⁵tok²a³³tʰɛŋ⁵⁵]

听啊来肠断，似雨淋啊铃，[tʰɛŋ⁵⁵a³³lɔi²¹tʃʰœŋ²¹tyn²², tʃʰi³⁵y³⁵lɐm²¹a³³leŋ²¹]

不是读啊书声，[pɐt⁵ʃi²²tok²a³³ʃy⁵⁵ʃeŋ⁵⁵]

不是钟啊鼓鸣，[pɐt⁵ʃi²²tʃoŋ⁵⁵a³³ku³⁵meŋ²¹]

不是关啊雎咏，[pɐt⁵ʃi²²kuan⁵⁵a³³tʃøy⁵⁵ueŋ³⁵]

更啊不是长啊亭十八里叮啊咛。[kɐŋ³³a³³pɐt⁵ʃi²²tʃʰœŋ²¹a³³tʰeŋ²¹ʃɐp²pat³lei³⁵tɐŋ⁵⁵a³³leŋ²¹]

今夜她惊啊回残梦，[kɐm⁵⁵iɛ²²tʰa⁵⁵kɐŋ⁵⁵a³³ui²¹tʃʰan²¹moŋ²²]

苦凄清。[fu³⁵tʃʰɐi⁵⁵tʃʰeŋ⁵⁵]

我敲碎痴心啊，[ŋɔ³⁵hɐu⁵⁵ʃøy³³tʃʰi⁵⁵ʃɐm⁵⁵a³³]

愁夜永。[ʃɐu²¹iɛ²²ueŋ²¹]

裴啊航捣药救云英，[pʰøy²¹a³³hɔŋ²¹tou³⁵iœk²kɐu³³uɐn²¹ieŋ⁵⁵]

尾生抱柱甘同啊命，[mei³⁵ʃɐŋ⁵⁵pʰou³⁵tʃʰy³⁵kɐm⁵⁵tʰoŋ²¹a³³mɐŋ²²]

我却抗啊不啊来争啊无计，[ŋɔ³⁵kʰœk³kʰɔŋ³³a³³pɐt⁵a³³lɔi²¹tʃaŋ⁵⁵a³³mou²¹kei³³]

眼看马家郎，[ŋan³⁵hɔn³³ma³⁵ka⁵⁵lɔŋ²¹]

强夺了卿啊，卿啊。[kʰœŋ²¹tyt²liu³⁵heŋ⁵⁵a³⁵, heŋ⁵⁵a³⁵]

空有这扇坠早为媒，[hoŋ⁵⁵iɐu³⁵tʃɛ³⁵ʃan³³tʃøy³³tʃou³⁵uɐi²¹mui²¹]

虽是英啊台亲许我，[ʃøy⁵⁵ʃi²²ieŋ⁵⁵a³³tʰɔi²¹tʃʰɐn⁵⁵høy³⁵ŋɔ³⁵]

今日哑口槐阴，难作证。[kɐm⁵⁵iɐt²ŋa³⁵hɐu³⁵uai²¹iɐm⁵⁵, lan²¹tʃok³tʃeŋ³³]

这绣帕，这绣帕赠别在楼台，[tʃɛ³⁵ʃɐu³³pak³, tʃɛ³⁵ʃɐu³³pak³tʃɐŋ³³pit²tʃɔi²²lɐu²¹tʰɔi²¹]

估到牵啊情如针啊线。[ku³⁵tou³³hin⁵⁵a³³tʃʰeŋ²¹y²¹tʃɐm⁵⁵a³³ʃin³³] 估：猜

又谁知英啊台，[iɐu²²ʃøy²¹tʃi⁵⁵ieŋ⁵⁵a³³tʰɔi²¹]

说与春蚕丝尽诶，[ʃyt³y³⁵tʃʰɵn⁵⁵tʃʰan²¹ʃi⁵⁵tʃɵn³³e³⁵]

到死枉经营。[tou³³ʃei³⁵uɔŋ³⁵kɐŋ⁵⁵ieŋ²¹]

此际眠也怎能眠，[tʃʰi³⁵tʃɐi³³min²¹ia³⁵tʃɐm³⁵lɐŋ²¹min²¹]

醒啊还空自醒，[ʃeŋ³⁵a³³uan²¹hoŋ⁵⁵tʃi³³ʃeŋ³⁵]

咫尺天涯，[tʃi³⁵tʃʰɛk³tʰin⁵⁵ŋa²¹]

两下同悲绝境。[lœŋ²¹ha²²tʰoŋ²¹pei⁵⁵tʃyt²keŋ³⁵]

骂骂骂，[ma²²ma²²ma²²]

骂天啊心无公正啊，[ma²²tʰin⁵⁵a³³ʃɐm⁵⁵mou²¹koŋ⁵⁵tʃeŋ³³a³³]

恨恨恨，[hɐn²²hɐn²²hɐn²²]

恨人间太不平啊。[hɐn²²iɐn²¹kan⁵⁵tʰai³³pɐt⁵pʰeŋ²¹a³³]

哭啊哭哭啊，[hɔk⁵a³³hɔk⁵hɔk⁵a³³]

哭一句有情人，[hɔk³iɐt⁵køy³³iɐu³³tʃʰeŋ²¹iɐn²¹]

哎，眷属难成啊。[ai³³, kyn³³ʃok²lan²¹ʃeŋ²¹a³³]

吐一口血相思，[tʰou³³iɐt⁵hɐu³⁵hyt³ʃœŋ⁵⁵ʃi⁵⁵]

写写写，写下遗书绝命啊。[ʃɛ³⁵ʃɛ³⁵ʃɛ³⁵, ʃɛ³⁵ha²²ʋei²¹ʃy⁵⁵tʃyt²mɐŋ²²a³³]

粤曲《禅院钟声》

云寒雨冷，[ʋɐn²¹hɔn²¹y³⁵laŋ³⁵]

寂寥夜半景色凄清，[tʃek²liu²¹iɛ²²pun³³keŋ³⁵ʃek⁵tʃʰɐi⁵⁵tʃʰeŋ⁵⁵]

荒山悄静，[fɔŋ⁵⁵ʃan⁵⁵tʃʰiu⁵⁵tʃeŋ²²]

依稀隐约传来了夜半钟，[i⁵⁵hei⁵⁵iɐn³⁵iœk³tʃʰyn²¹lɔi²¹liu³⁵iɛ²²pun³³tʃoŋ⁵⁵]

钟声惊破梦更难成。[tʃoŋ⁵⁵ʃeŋ⁵⁵keŋ⁵⁵pʰɔ³³moŋ²²keŋ³³lan²¹ʃeŋ²¹]

是谁令我愁难馨？[ʃi²²ʃøy²¹leŋ²²ŋɔ³⁵ʃɐu²¹lan²¹hɐŋ³³]

唉，悲莫罄！[ei⁵⁵, pei²¹mɔk²hɐŋ³³]

情如泡影，鸳鸯梦，[tʃʰeŋ²¹y²¹pʰau³³ieŋ³⁵, yn⁵⁵iœŋ⁵⁵moŋ²²]

三生约，何堪追认！[ʃam⁵⁵ʃɐŋ⁵⁵iœk³, hɔ²¹hɐm⁵⁵tʃøy⁵⁵ieŋ²²]

旧爱一朝断，[kɐu²²ŋɔi³³iɐt⁵tʃiu⁵⁵tʰyn³⁵]

伤心哀我负爱抱恨决心逃情。[ʃœŋ⁵⁵ʃɐm⁵⁵ŋɔi³³ŋɔ³⁵fu²²ŋɔi³³pʰou³⁵hɐn²²kʰyt⁵ʃɐm⁵⁵tʰou²¹tʃʰeŋ²¹]

禅院宵宵叹孤影，[ʃim²¹yn³⁵ʃiu⁵⁵ʃiu⁵⁵tʰan³³ku⁵⁵ieŋ³⁵]

仿似杜宇哀声泣血夜半鸣，[fɔŋ³³tʃʰi³⁵tou²²y³⁵ŋɔi³³ʃeŋ⁵⁵iɐp⁵hyt³iɛ²²pun³³meŋ²¹]

隐伏涧绝岭。[iɐn³⁵fu²²kan³³tʃyt²leŋ³⁵]

菩提伴我苦敲经，[pʰu²¹tʰɐi²¹pun²²ŋɔ³⁵fu³⁵hau⁵⁵kɐŋ³³]

顽沉世俗那堪复听，[uan²¹tʃʰɐm²¹ʃɐi³³tʃok²na³⁵hɐm³³fok⁵tʰɐŋ³³]据视频实际发音转写，"那"读[n]声母、升调

情似烟轻，[tʃʰeŋ²¹tʃʰi³⁵in⁵⁵hɐŋ⁵⁵]

禅心修佛性，[ʃim²¹ʃɐm⁵⁵ʃɐu⁵⁵fɐt²ʃɐŋ³³]

梦幻已今朝醒，[moŋ²²uan²²i³⁵kɐm⁵⁵tʃiu⁵⁵ʃɐŋ³⁵]

情根爱根恨根怨根，[tʃʰeŋ²¹kɐn⁵⁵ŋɔi³³kɐn⁵⁵hɐn²²kɐn⁵⁵yn³³kɐn⁵⁵]

春花怕赋咏，[tʃʰøn⁵⁵fa⁵⁵pʰa³³fu³³ueŋ³⁵]

情丝爱丝愁丝怨丝，[tʃʰeŋ²¹ʃi⁵⁵ŋɔi³³ʃi⁵⁵ʃɐu²¹ʃi⁵⁵yn³³ʃi⁵⁵]

秋月怕留情。[tʃʰɐu⁵⁵yt²pʰa³³lɐu²¹tʃʰeŋ²¹]

情心早化灰，[tʃʰeŋ²¹ʃɐm⁵⁵tʃou³⁵fa³³fui⁵⁵]

禅心经洁净，[ʃim²¹ʃɐm⁵⁵kɐŋ⁵⁵kit³tʃɐŋ²²]

为爱为情恨似病，[uɐi²²ŋɔi³³uɐi²²tʃʰeŋ²¹hɐn²²tʃʰi³⁵peŋ²²]

对花对月怀前程。[tøy³³fa⁵⁵tøy³³yt²uai²¹tʃʰin²¹tʃʰeŋ²¹]

徒追忆花月证，[tʰou²¹tʃøy⁵⁵iek⁵fa⁵⁵yt²tʃɐŋ³³]

情人负我，[tʃʰeŋ²¹iɐn²¹fu²²ŋɔ³⁵]

你变心负约太不应，[lei³⁵pin³³ʃɐm⁵⁵fu²¹œk³tʰai³³pɐt⁵ieŋ⁵⁵]

相思当初枉心倾，[ʃœŋ⁵⁵ʃi⁵⁵tɔŋ⁵⁵tʃʰɔ⁵⁵uɔŋ³⁵ʃɐm⁵⁵kʰeŋ⁵⁵]

怨句啊妹妹你太薄幸，[yn³³køy³³a³³mui⁵⁵mui⁵⁵lei³⁵tʰai³³pɔk³hɐŋ²²]

禅院钟声，[ʃim²¹yn³⁵tʃoŋ⁵⁵ʃɐŋ⁵⁵]

深宵独听，[ʃɐm⁵⁵ʃiu⁵⁵tok²tʰɐŋ³³]

夜半有恨人已泪盈盈。[iɛ²²pun³³iɐu³⁵hɐn²²iɐn²¹i³⁵løy²²ieŋ²¹ieŋ⁵⁵]

粤曲《分飞燕》

分飞万里隔千山，[fɐn⁵⁵fei⁵⁵man²²lei³⁵kak³tʃʰin⁵⁵ʃan⁵⁵]

离泪似珠强忍欲坠凝在眼，[lei²¹løy²²tʃʰi³⁵tʃy⁵⁵kʰœŋ²¹iɐn³⁵iok²tʃøy²²ieŋ²¹tʃøy²¹ŋan³⁵]

我欲诉别离情无限，[ŋɔ³⁵iok²ʃou³³pit³lei²¹tʃʰeŋ²¹mou²¹han²²]

匆匆怎诉情无限。[tʃʰoŋ⁵⁵tʃʰoŋ⁵⁵tʃɐm³⁵ʃou³³tʃʰeŋ²¹mou²¹han²²]

又怕情心一朝淡，[iɐu²¹pʰa³³tʃʰeŋ²¹ʃɐm⁵⁵iet⁵tʃiu⁵⁵tʰam³⁵]

有浪爱海翻，[iɐu³⁵lɔŋ²²ŋɔi³³hɔi³⁵fan⁵⁵]

空嗟往事成梦幻，[hoŋ⁵⁵tʃɛ⁵⁵uɔŋ³⁵ʃi²²ʃeŋ²¹moŋ²²uan²²]

只愿誓盟永存在脑间，[tʃi³⁵yn²²ʃei²²mɐŋ²²ueŋ³⁵tʃʰyn²¹tʃøy²²lou³⁵kan³³]

音讯休疏懒。[iɐm⁵⁵ʃøn³³iɐu⁵⁵ʃɔ⁵⁵lan³⁵]

只怨欢情何太暂，[tʃi³⁵yn³³fun³³tʃʰeŋ²¹hɔ²¹tʰai³³tʃam²²]

转眼分离缘有限，[tʃyn³⁵ŋan³⁵fɐn⁵⁵lei²¹yn²¹iɐu³⁵han²²]

我不会负情害你心灰冷。[ŋɔ³⁵pɐt⁵ui³⁵fu²²tʃʰeŋ²¹hɔi³⁵lei⁵⁵ʃɐm⁵⁵fui⁵⁵laŋ³⁵]

知你送君忍泪难，[tʃi⁵⁵lei³⁵ʃoŋ³⁵kuɐn⁵⁵iɐn³⁵lui²²lan³⁵]

唉呀，难、难、难！[ɐi⁵⁵ia⁵⁵, nan³⁵, nan³⁵, nan³⁵] 据视频实际发音转写，"难"读[n]声母、升调

难舍分飞冷落，[nan²¹ʃɛ³⁵fɐn⁵⁵fei⁵⁵laŋ³⁵lɔk²] 据视频实际发音转写，"难"读[n]声母

怨恨有几番，[yn³³hɐn²²iɐu³⁵kei³⁵fan⁵⁵]

心声托付鸿与雁，[ʃɐm⁵⁵ʃeŋ⁵⁵tɔk³fu³³hoŋ²¹y³⁵ŋan³³]

嘱咐话儿莫厌烦，[tʃok⁵fu²²ua²²i²¹mɔk²im³³fan²¹]

莫教人为你怨孤单。[mɔk²kau³³iɐn²¹uɐi²²lei²²yn³³ku⁵⁵tan⁵⁵]

六 故事

牛郎同织女 [ŋɐu²¹lɔŋ²¹tʰoŋ²¹tʃek⁵løy³⁵]

而⁼家⁼我想讲一个古仔畀大家听，[i²¹ka⁵⁵ŋɔ³⁵ʃœŋ³⁵kɔŋ³⁵a⁵⁵kɔ³³ku³⁵tʃei³⁵pei³⁵tai²²ka⁵⁵tʰɛŋ⁵⁵]
  而⁼家⁼：现在。畀：给。古仔：故事

叫作《牛郎同织女》。[kiu³³tʃou²²ŋɐu²¹lɔŋ²¹tʰoŋ²¹tʃek⁵løy³⁵]

系好耐好耐以前咧，[hei³⁵hou²²lɔi³³hou²²lɔi²¹i³⁵tʃʰin³³lɛ⁵⁵] 系：在，读上声。耐：久

有一个细佬仔，后生仔咧，[iɐu³⁵a⁵⁵kɔ³³ʃei³³lou³⁵tʃei³⁵, hou²²ʃaŋ⁵⁵tʃei³⁵lɛ⁵⁵] 细佬仔：小孩儿。此处为口误。后生
   仔：年轻人

渠个父母咧就好早去世了，[kʰøy³⁵kɛ³³fu³³mou³⁵lɛ⁵⁵tʃɐu²²hou³⁵tsou³⁵høy³³ʃei³⁵la³³] 渠：他。个：的

屋企⁼咧就物都冇了，[ŋɔk⁵kʰei³⁵lɛ⁵⁵tʃɐu²²mɐt⁵tou⁵⁵mou³⁵la³³] 屋企：家里。物：什么。冇：没有

就剩翻⁼一只牛系度，[tʃɐu²²tʃeŋ²²fan⁵⁵a⁵⁵tʃɛk³ŋɐu²¹hei³⁵tou²²] 翻⁼：趋向补语，相当于"回"。系度：在这儿

渠咧，[kʰøy³⁵lɛ⁵⁵]

咁人地⁼就叫渠叫作牛郎了。[kɐm³⁵iɐn²¹tei²²tʃɐu²²kiu³³kʰøy³⁵kiu³³tʃou²²ŋɐu²¹lɔŋ²¹la³³] 咁：这么，人地⁼：人家

咁啊，牛郎咧，[kɐm³⁵a³³, ŋɐu²¹lɔŋ²¹lɛ⁵⁵]

就靠只老牛咧就耕田啊，[tʃɐu²²kau³³tʃek³lou³⁵ŋɐu²¹lɛ⁵⁵tʃɐu²²kaŋ⁵⁵tʰin²¹a³³]

同渠相依为命。[tʰoŋ²¹kʰøy³⁵ʃœŋ⁵⁵i⁵⁵uɐi²¹mɛŋ²¹]

其实呢只老牛咧，[kʰei²¹ʃɐt²lei⁵⁵tʃɛk³lou³⁵ŋɐu²¹lɛ⁵⁵] 呢：近指代词，这

唔系真系一只牛，[m²¹hɐi²²tʃɐn⁵⁵hei²²iɐt⁵tʃek³ŋɐu²¹] 唔系：不是，"系"读阳去，是

系天上个金牛星来个，[hei²²tʰin⁵⁵ʃœŋ²²kɛ³³kɐm⁵⁵ŋɐu²¹ʃeŋ⁵⁵lɔi²¹kɛ³³]

渠见个个后生仔又勤力又善良，[kʰøy³⁵kin³³kɔ³³³hɐu²²ʃaŋ⁵⁵tʃei³⁵iɐu²²kʰɐm²¹lek²iɐu²²ʃin³³lœŋ²¹]
  个：远指代词，那；个个：那个。勤力：勤快

就想成全渠，同渠成家立室。[tʃɐu²²ʃœŋ³⁵ʃeŋ²¹tʃʰyn²¹kʰøy³⁵, tʰoŋ²¹kʰøy³⁵ʃeŋ²¹ka⁵⁵lap²ʃɐt⁵]

有一日咧，个个金牛星即系老牛咧，[iɐu³⁵a⁵⁵iɐt²lɛ⁵⁵, kɔ³⁵ɔ³³kɐm⁵⁵ŋɐu²¹ʃeŋ⁵⁵tʃek⁵hɐi²²lou³⁵ŋɐu²¹lɛ⁵⁵]

知道天上咧有啲仙女咧落来凡间游玩，[tʃi⁵⁵tou³³tʰin⁵⁵ʃœŋ²²lɛ⁵⁵iɐu³⁵ti⁵⁵ʃin⁵⁵løy³⁵lɛ⁵⁵lɔk²lɔi²¹fan²¹kan⁵⁵iɐu²¹un²¹] 啲：方言俗字，量词，些

咁渠就托梦话界个个牛郎听：[kɐm³⁵kʰøy³⁵tʃɐu²²tʰɔk³mɔŋ²²ua²²pei³⁵kɔ³⁵ɔ³³ŋɐu²¹lɔŋ²¹tʰeŋ⁵⁵] 话：说

"你第日咧，早啲去个个湖边，[lei³⁵tɐi²²iɐt²lɛ⁵⁵, tʃou³⁵ti⁵⁵høy³³kɔ³⁵ɔ³³u²¹pin⁵⁵] 第日：第二天

趁啲仙女冲凉个时候咧，[tʃʰɐn³³ti⁵⁵ʃin⁵⁵løy³⁵tʃʰoŋ⁵⁵lœŋ²¹kei³⁵kɛ³³ʃi²¹hɐu²²lɛ⁵⁵] 啲仙女：这些仙女，量词定指

你就攞咗渠一件挂系树上个衫咧，[lei³⁵tʃɐu²²lɔ³⁵tʃɔ³⁵kʰøy³⁵a⁵⁵kin²kʰua³³hɐi³⁵ʃy²²ʃœŋ²²kɔ³³ʃam⁵⁵lɛ⁵⁵] 攞咗：拿了

然后你就物都冇理，[in²²hɐu²²lei³⁵tʃɐu²²mɐt⁵tou⁵⁵mou³⁵lei³⁵] 物：什么。冇：别，不

即刻跑翻屋企˭，[tʃek⁵hɐk⁵pau³⁵fan⁵⁵ŋɔk⁵kʰei³⁵]

咁咧，你第日咧，[kɐm³⁵lɛ⁵⁵, lei³⁵tɐi²²iɐt²lɛ⁵⁵]

就会有机会得到一仙女做老婆个了。"[tʃɐu²²ui³⁵iɐu³⁵kei⁵⁵ui²²tek⁵tou³³iɐt²kɔ³³ʃin⁵⁵løy³⁵tʃou²²lou³⁵pʰɔ²¹kɛ³³la³³]

咁呢日朝头早咧，[kɐm³⁵lei⁵⁵iɐt²tʃiu⁵⁵tʰɐu²¹tʃou³⁵lɛ⁵⁵] 朝头早：大清早上

呢个后生仔牛郎，[lei⁵⁵kɔ³³hou²²ʃaŋ⁵⁵tʃɐi³⁵ŋɐu²¹lɔŋ²¹]

就半信半疑了哦，[tʃɐu²²pun³³ʃɐn³³pun³³i²¹lu³³ɔ³³]

就走到去山脚个度睇下了，[tʃɐu²²tʃɐu³⁵tou³³høy³³ʃan⁵⁵kœk³kɔ³⁵tou²²tʰei¹¹ha³⁵la³³] 个度：那里。睇：看

系朦胧之中咧，[hɐi³⁵mɔŋ²¹lɔŋ²¹tʃi⁵⁵tʃoŋ⁵⁵lɛ⁵⁵]

果然见到七个仙女系度，[kɔ³⁵in²¹kin⁵⁵tou³³tʃʰɐt⁵kɔ³³ʃin⁵⁵løy³⁵hɐi³⁵tou²²]

冲凉啊，玩啊，[tʃʰoŋ⁵⁵lœŋ²¹a³³, uan³⁵a³³]

咁个咧，渠就立刻听个个金牛星话，[kɐm³⁵kɛ³³lɛ⁵⁵, kʰøy³⁵tʃɐu²²lap²hɐk⁵tʰɛŋ⁵⁵kɔ³⁵ɔ³³kɐm⁵⁵ŋɐu²¹ʃeŋ⁵⁵ua²²]

系树上攞咗件粉红色个衫，[hɐi³⁵ʃy²²ʃœŋ²¹lɔ³⁵tʃɔ³⁵kin²²fɐn³⁵hoŋ²¹ʃek⁵kɛ³³ʃam⁵⁵]

禽˭禽˭青咁跑翻屋企˭了。[kʰɐm²¹kʰɐm²¹tʃʰɛŋ⁵⁵kɐm³⁵pau³⁵fan⁵⁵ŋɔk⁵kʰei³⁵la³³] 禽˭禽˭青：急急忙忙地

原来个个仙女咧，就系织女来个。[yn²¹lɔi²¹kɔ³⁵ɔ³³ʃin⁵⁵løy³⁵lɛ⁵⁵, tʃɐu²²hɐi²²tʃek⁵løy³⁵lɐi²¹kɛ³³]

渠当日夜晚咧，[kʰøy³⁵tɔŋ⁵⁵iɐt²iɛ²¹man³⁵lɛ⁵⁵]

咁呢个织女咧，[kɐm³⁵lei⁵⁵kɔ³³tʃek⁵løy³⁵lɛ⁵⁵]

就走咗后生仔，[tʃɐu²²tʃɐu³⁵tʃɔ³⁵hou²²ʃaŋ⁵⁵tʃɐi³⁵]

个个牛郎屋企˭门口 [kɔ³⁵ɔ³³ŋɐu²¹lɔŋ²¹ŋɔk⁵kʰei³⁵mun²¹hɐu³⁵]

311

就轻轻敲渠个门，[tʃeu²²hɐŋ²¹hɐŋ⁵⁵hau⁵⁵kʰøy³⁵kɛ³³mun²¹]

就入咗屋企＝，[tʃeu²²iɐp²tʃɔ³⁵ŋɔk⁵kʰei³⁵]

咁两人就做咗夫妻了。[kɐm³⁵lœŋ³⁵iɐn²¹tʃeu²²tʃou²²tʃɔ³⁵fu⁵⁵tʃʰei⁵⁵la³³]

一眨眼咧，三年就过去咗了，[iɐt⁵tʃap⁵ŋan³⁵lɛ⁵⁵, ʃam⁵⁵lin²¹tʃeu²²kɔ³³høy³³tʃɔ³⁵la³³]

牛郎同织女咧，[ŋeu²¹lɔŋ²¹tʰoŋ²¹tʃek⁵løy³⁵lɛ⁵⁵]

就生咗一男一女两个孩子了哦，[tʃeu²²ʃaŋ³⁵tʃɔ³⁵iɐt⁵lam²¹iɐt⁵løy³⁵lœŋ³⁵kɔ³³hai²¹tʃi³⁵lu³³uɔ³³]

两个细佬哥都好精乖伶俐，[lœŋ³⁵kɔ³³ʃei³³lou³⁵kɔ⁵⁵tou⁵⁵hou³⁵tʃɛŋ⁵⁵kuai⁵⁵lɐŋ²¹lei²¹] 细佬哥：小孩。精：精明

渠地＝一家人就过得好开心，好开心。[kʰøy³⁵tei²²iɐt⁵ka⁵⁵iɐn²¹tʃeu²²kɔ⁵⁵tɐk⁵hou³⁵hɔi⁵⁵ʃɐm⁵⁵, hou³⁵hɔi⁵⁵ʃɐm⁵⁵] 渠地＝：他们

但系，原来织女私自下凡个事咧，[tan²²hɐi²², yn²¹lɔi²¹tʃek⁵løy³⁵ʃi⁵⁵tʃi²²ha²²fan²¹kan⁵⁵kɛ³³ʃi²²lɛ⁵⁵]

落凡间个事咧，[lɔk²fan²¹kan⁵⁵kɛ³³ʃi²²lɛ⁵⁵]

就畀玉皇大帝知道咗了。[tʃeu²²pei³⁵iok²uɔŋ²¹tai²²tei³³tʃi⁵⁵tou³³tʃɔ³⁵la³³]

咁有一日咧，[kɐm³⁵iɐu³⁵a⁵⁵iɐt²lɛ⁵⁵]

个天特然之间行雷闪电，[kɔ³³tʰin⁵⁵tɐk²in²¹tʃi⁵⁵kan⁵⁵haŋ²¹løy²¹ʃin³⁵tin³³] 特然：突然

翻风落雨，[fan⁵⁵foŋ⁵⁵lɔk²y³⁵] 翻风：刮风

织女特然之间唔见咗，[tʃek⁵løy³⁵tɐk²in²¹tʃi⁵⁵kan⁵⁵m²¹kin³³tʃɔ³⁵]

两个细佬仔醒咗唔见咗妈妈，[lœŋ³⁵kɔ³³ʃei³³lou³⁵tʃei³³ʃɛŋ³⁵tʃɔ³⁵m²¹kin³³tʃɔ³⁵ma²¹ma⁵⁵] 细佬仔：小孩

就系度系咁喊，系咁喊了。[tʃeu²²hɐi³⁵tou²²hɐi²²kɐm³⁵ham³³, hɐi²²kɐm³⁵ham³³la³³] 系咁喊：一直在哭的样子。喊：哭

牛郎都唔知点＝算好。[ŋeu²¹lɔŋ²¹tou⁵⁵m²¹tʃi⁵⁵tim³⁵ʃyn³³hou³⁵] 点＝算：怎么办

个个时候咧，老牛咧，特然就开口了：[kɔ³⁵ɔ³³ʃi²¹hɐu²²lɛ⁵⁵, lou³⁵ŋeu²¹lɛ⁵⁵, tɐk²in²¹tʃeu²²hɔi⁵⁵heu³⁵la³³]

"你将我只角□低咧，[lei⁵⁵tʃœŋ⁵⁵ŋɔ³⁵tʃɛk³kɔk³mɔk⁵tɐi³³lɛ⁵⁵] □[mɔk⁵]：剥、掰。低：趋向补语，下来

变成两只箩咧，[pin³³ʃɛŋ²¹lœŋ³⁵tʃɛk³lɔ²¹lɛ⁵⁵]

装上两个细佬仔咧，[tʃɔŋ⁵⁵ʃœŋ³⁵lœŋ³⁵kɔ³³ʃei³³lou³⁵tʃei³⁵lɛ⁵⁵]

就可以搵到织女个了。"[tʃeu²²hɔ³⁵i³⁵uɐn³⁵tou³³tʃek⁵løy³⁵kɛ³³la³³] 搵：找

牛郎正系奇怪：[ŋeu²¹lɔŋ²¹tʃɛŋ³³hɐi²²kʰei²¹kuai³³]

"会咁个咩？"[ui³⁵kɐm³⁵kɛ³³mɛ⁵⁵]

个只牛角就特然之间跌咗落地上，[kɔ³⁵tʃɛk³ŋeu²¹kɔk³tʃeu²²tɐk²in²¹tʃi⁵⁵kan⁵⁵tit³tʃɔ³⁵lɔk²tei³⁵ʃœŋ²²]

真系变成咗两个竹箩了。[tʃɐn⁵⁵hɐi²²pin³³ʃɛŋ²¹tʃɔ³⁵lœŋ³⁵kɔ³³tʃok⁵lɔ²¹la³³]

咁牛郎将两个细佬仔，[kɐm³⁵ŋɐu²¹lɔŋ²¹tʃɶŋ⁵⁵lœŋ³⁵kɔ³³ʃei³³lou³⁵tʃei³⁵]

放咗系竹箩里便了，[fɔŋ³³tʃɔ³⁵hei³⁵tʃok⁵lɔ²¹løy³⁵pin²²la³³] 里便：里面

用担挑咧担起来，[ioŋ²²tam³³tʰiu⁵⁵lɛ⁵⁵tam⁵⁵hei³⁵lɔi²¹] 担挑：扁担

恁住出门口揾个妈妈啊，织女了。[lɐm³⁵tʃy²²tʃʰøt⁵mun²¹hɐu³⁵uɔŋ³⁵kɔ³³ma²¹ma⁵⁵a³³, tʃek⁵løy³⁵la³³] 恁：想

特然之间一阵风吹过来，[tɐk²in²¹tʃi⁵⁵kan⁵⁵iɐt⁵tʃɐn²²foŋ⁵⁵tʃʰøy⁵⁵kɔ³³lɔi²¹]

个两只箩咧，好似有翼咁，[kɔ³⁵lœŋ³⁵tʃɛk³lɔ²¹lɛ⁵⁵, hou³⁵tʃʰi³³iɐu³⁵iek²kɐm³⁵] 好似……咁：就像……一样

特然之间飞起来，[tɐk²in²¹tʃi⁵⁵kan⁵⁵fei⁵⁵hei³⁵lɔi²¹]

一路飞，一路飞，[iɐt⁵lou²²fei⁵⁵, iɐt⁵lou²²fei⁵⁵]

睇白就追到上织女了。[tʰei³⁵pak²tʃɐu²²iu²²tʃøy⁵⁵tou³³ʃœŋ³⁵tʃek⁵løy³⁵la³³] 睇白：预计，即将

但系呢件事咧，[tan²²hei²²lei⁵⁵kin²²ʃi²²lɛ⁵⁵]

就畀王母娘娘睇见了，[tʃɐu²²pei³⁵uɔŋ²¹mou³⁵lœŋ²¹lœŋ²¹tʰei³⁵kin³³la³³]

就即刻揦低渠头上个一支金钗咧，[tʃɐu²²tʃek⁵hɐk⁵mɐŋ⁵⁵tei⁵⁵kʰøy³⁵tʰɐu²¹ʃœŋ²²⁵kɛ³³iɐt⁵tʃi⁵⁵kɐm³⁵tʃʰai⁵⁵lɛ⁵⁵]

揦：拔

系牛郎同织女中间度一划，[hei³⁵ŋɐu²¹lɔŋ²¹tʰoŋ⁵⁵tʃek⁵løy³⁵tʃoŋ⁵⁵kan⁵⁵tou²²iɐt⁵uak²]

就将渠地＝两个隔开咗了。[tʃɐu²²tʃœŋ⁵⁵kʰøy³⁵tei²²lœŋ³⁵kɔ³³kakʰɔi³³tʃɔ³⁵la³³]

个件事咧，就畀一班喜鹊见到咗了，[kɔ³⁵kin²²ʃi²²lɛ⁵⁵, tʃɐu²²pei³⁵iɐt⁵pan⁵⁵hei³⁵tʃek³kin³³tou³³tʃɔ³⁵la³³]

一班：一群

个个喜鹊就好同情牛郎织女个遭遇，[kɔ³⁵ɔ³³hei³⁵tʃœk³tʃɐu²²hou³⁵tʰoŋ²¹tʃʰɐŋ²¹ŋɐu²¹lɔŋ²¹tʃek⁵løy³⁵kɛ³³tʃou⁵⁵y²²]

就渠地＝搭头搭尾，[tʃɐu²²kʰøy³⁵tei²²tap³tʰɐu²¹tap³mei³⁵]

担住自己身体一部分，[tam⁵⁵tʃy²²tʃi²²kei³⁵ʃɐn⁵⁵tʰei³⁵iɐt⁵pou²²fɐn²²]

搭起条好长好长个鹊桥咧，[tap³hei³⁵tʰiu²¹hou³⁵tʃʰœŋ²¹hou³⁵tʃʰœŋ²¹kɛ³³tʃek³kʰiu²¹lɛ⁵⁵]

就畀牛郎同织女相会了。[tʃɐu²²pei³⁵ŋɐu²¹lɔŋ²¹tʰoŋ²¹tʃek⁵løy³⁵ʃœŋ⁵⁵ui²²la³³]

咁□个日咧，就系农历个七月七日，[kɐm³⁵ŋam⁵⁵kɔ³³iɐt²lɛ⁵⁵, tʃɐu²²hei²²loŋ²²lɛk²kɛ³³tʃʰɐt⁵yt²tʃʰɐt⁵iɐt²]

□[ŋam⁵⁵]：合适

以后咧，啲喜鹊咧 [i²²hɐu²²lɛ⁵⁵, ti⁵⁵hei³⁵tʃœk³lɛ⁵⁵] 啲喜鹊：这些喜鹊，量词定指

就系七月七日个日咧，[tʃɐu²²hei²²tʃʰɐt⁵yt²tʃʰɐt⁵iɐt²kɔ³³iɐt²lɛ⁵⁵]

就搭条鹊桥畀渠地＝相会了。[tʃɐu²²tap³tʰiu²¹tʃœk³kʰiu²¹pei³⁵kʰøy³⁵tei²²ʃœŋ⁵⁵ui²²la³³]

牛郎和织女

现在我讲一个故事给大家听，叫作《牛郎和织女》。在好久好久以前，有个年轻人，他的父母很早就去世了，家里什么都没有，就剩下一头老牛，大家都叫他牛郎。牛郎就靠老牛耕地为生，和老牛相依为命。其实，老牛不是一头牛，而是天上的金牛星，他觉得这个年轻人勤劳善良，就想帮他成个家。有一天，金牛星，也就是那个老牛，知道天上的仙女要下凡游玩，他就托梦告诉牛郎："明天，你早早地就到湖边儿去，趁仙女洗澡的时候，拿走一件挂在树上的衣服，你什么都不要管，马上回家，这样你很快就能娶到一个仙女做老婆。"第二天一大早，牛郎半信半疑，就跑去后山山脚看了一下，朦胧之中，果然见到七个仙女在一边洗澡，一边游玩。他就听金牛星的话，在树上拿了件粉红色的衣服，急急忙忙地跑回家里。原来，那个被拿了衣服的仙女就是织女。当天晚上，织女就找到牛郎的家门口，轻轻地敲了敲门就进去了，这样一来，两人就做了夫妻。一眨眼三年过去了，牛郎和织女生了一男一女两个小孩，两个孩子乖巧聪明，他们一家人过得很幸福。但是，织女下凡的事被玉皇大帝知道了。有一天，天上突然打雷闪电，刮风下雨，织女突然就不见了。两个孩子醒来后没看到妈妈，就一直哭啊哭啊，牛郎也不知该如何是好。这个时候，那只牛突然开口说话了："别哭了，你将我的角掰下来，它就会变成两只竹箩，并带你们到天上找织女。"牛郎正奇怪："会发生这样的事吗？"那两只牛角突然掉到地上来了，并真的变成了两只竹箩。牛郎将两个孩子放到竹箩里，用一个扁担挑起来，就出门找织女去了。突然，一阵风吹过来，两只竹箩好像长了翅膀一般飞了起来，一直飞啊飞，眼看马上就要追上织女了。但是被王母娘娘看到了，她立刻拔下头上的一支金钗，在牛郎和织女中间一划，将他们俩隔开了。这件事被一群喜鹊看到了，它们很同情牛郎织女的遭遇，它们用嘴衔着彼此的尾巴，搭起了一条长长的鹊桥，让牛郎和织女相聚。碰巧这天是农历七月七日，以后喜鹊在每年的农历七月七日，就搭起一条鹊桥让他们俩相会。

大懒虫 [tai²²lan³⁵tʃʰoŋ²¹]

我而＝家＝讲一个《大懒虫》个故事畀大家听。

[ŋɔ³⁵i²¹ka⁵⁵kɔŋ³⁵a³³kɔ³³tai²²lan³⁵tʃʰoŋ²¹kɛ³³ku³³ʃi²²pei³⁵tai²²ka⁵⁵tʰɐŋ³³] 而＝家＝：现在。畀：给

系好耐好耐以前， [hɐi³⁵hou³⁵lɔi²²hou³⁵lɔi²²i³⁵tʃʰin²¹] 系：在，读上声。耐：久

有条村咧，就住着一对母子。[iɐu³⁵tʰiu²¹tʃʰyn⁵⁵lɛ⁵⁵, tsɐu²²tʃy²²tʃœk²iɐt⁵tøy³³mou³⁵tsi³⁵]

个个妈妈咧， [kɔ³⁵kɔ³³ma²¹ma⁵⁵lɛ⁵⁵] 个：远指代词，那；个个：那个

就因为剩翻＝渠同个仔系度咧， [tsɐu²²iɐn⁵⁵uɐi²²tseŋ²²fan⁵⁵kʰøy³⁵tʰoŋ²¹kɔ³³tsɐi³⁵hɐi³⁵tou²²lɛ⁵⁵]

翻＝：趋向补语，相当于"回"。系度：在这儿

就好惜个仔， [tsɐu²²hou³⁵ʃɛk³kɔ³³tsɐi³⁵] 惜：疼爱

物都同渠做噻。[mɐt⁵tou⁵⁵tʰoŋ²¹kʰøy³⁵tʃou²²ʃai³³] 物：什么。噻：结构助词，表示完成

连食饭啊，冲凉啊，[lin²¹ʃɛk²fan²²a³³, tʃʰoŋ⁵⁵lœŋ²¹a³³]

都要喂渠啊，[tou⁵⁵iu³³uɐi³³kʰøy³⁵a³³]

同渠着衫啊，咁个。[tʰoŋ²¹kʰøy³⁵tʃœk³ʃam⁵⁵a³³, kɐm³⁵kɛ³³] 咁：这样

咁，形成咗个仔咧，[kɐm³⁵, ieŋ²¹ʃeŋ²¹tʃɔ³⁵kɔ³³tʃɐi³⁵lɛ⁵⁵] 咗：结构助词，相当于"了"

就物都唔使做咧，[tʃɐu²²mɐt⁵tou⁵⁵m²¹ʃɐi³⁵tʃou²²lɛ⁵⁵] 唔使：不用

日子长咗咧，[iɐt²tʃi³⁵tʃʰœŋ²¹tʃɔ³⁵lɛ⁵⁵]

个个仔就算识行识走咧，[kɔ³⁵kɔ³³ʃɐi³⁵tʃɐu²²ʃyn³³ʃɛk⁵haŋ²¹ʃɛk⁵tʃɐu³⁵lɛ⁵⁵] 识：会

渠都唔，唔去做嘢，[kʰøy³⁵tou⁵⁵m²¹, m²¹høy³³tʃou²²iɛ³⁵] 嘢：方言俗字，泛指东西、事情

去帮下妈妈手。[høy³³pɔŋ⁵⁵ha³⁵ma²¹ma⁵⁵ʃɐu³⁵]

连着衫，着鞋，[lin²¹tʃœk³ʃam⁵⁵, tʃœk³hai²¹]

渠都要妈妈帮渠，[kʰøy³⁵tou⁵⁵iu³³ma²¹ma⁵⁵pɔŋ⁵⁵kʰøy³⁵]

食饭又要妈妈喂渠。[ʃɛk²fan²²iɐu²²iu³³ma²¹ma⁵⁵uɐi³³kʰøy³⁵]

咁有一日咧，[kɐm³⁵iɐu³⁵a³³iɐt²lɛ⁵⁵]

渠妈妈就话畀个仔听：[kʰøy³⁵ma²¹ma⁵⁵tʃɐu²²ua²²pei³⁵kɔ³³tʃɐi³⁵tʰɐŋ⁵⁵] 话：说。畀：给

"我要出去搵食，[ŋɔ³⁵iu³³tʃʰyt⁵høy³³uɐn³⁵ʃɛk²] 搵：找，搵食：赚钱谋生

要七八日先至翻˭来个，[iu³³tʃʰɐt⁵pat³iɐt²ʃin⁵⁵tʃi³³fan⁵⁵lɔi²¹kɛ³³] 先至：才会。翻˭来：回来

我而˭家˭做定一个饼畀你，[ŋɔ³⁵i²¹ka⁵⁵tʃou²²tɛŋ²²iɐt⁵kɔ³³pɛŋ³⁵pei³⁵lei] 做定：做好

希望你咧，[hei³³mɔŋ²²lei³⁵lɛ⁵⁵]

就自己就攞来食了，食了。"[tʃɐu²²tʃi²²ki³⁵tʃɐu²²lɔ³⁵lei²¹ʃɛk²la⁵⁵, ʃɛk²la⁵⁵] 攞：拿

渠妈妈就知谙渠唔会去搵来食个，[kʰøy³⁵ma²¹ma⁵⁵tʃɐu²²tʃi⁵⁵tou³³kʰøy³⁵m²¹ui³⁵høy³³uɐn³⁵lɔi²¹ʃɛk²kɛ³³]

所以就特˭登˭就将个饼咧，[ʃɔ³³i³⁵tʃɐu²²tɛk²tɐŋ⁵⁵tʃɐu²²tʃœŋ³³kɔ³³pɛŋ³⁵lɛ⁵⁵] 特˭登˭：故意

就挂系渠条颈度，[tʃɐu²²kʰua³³hɐi³⁵kʰøy³⁵tʰiu²¹kɛŋ³⁵tou²²] 颈：脖子。度：处所词

就，咁就走咗出去了，[tʃɐu²², kɐm³⁵tʃɐu²²tʃɐu³⁵tʃɔ³⁵tʃʰyt³høy³³la³³]

就叫渠自己攞来食了。[tʃɐu²²kiu³³kʰøy³⁵tʃi³⁵ki³⁵lɔ³⁵lɔi²¹ʃɛk²la³³]

咁点˭知妈妈系七日后之后翻˭来咧，[kɐm³⁵tim⁵⁵tʃi⁵⁵ma²¹ma⁵⁵hɐi³⁵tʃʰɐt⁵iɐt²hɐu²²tʃi⁵⁵hɐu²²fan⁵⁵lɔi²¹lɛ⁵⁵]

点˭：怎么

一开门，就见到个仔咧，[iɐt⁵hɔi³³mun²¹, tʃɐu²²kin³³tou³³kɔ³³tʃɐi³⁵lɛ⁵⁵]

就坐系张凳度，□都唔□，[tʃɐu²²tʃʰɔ³⁵hɐi³⁵tʃœŋ⁵⁵tɐŋ³³tou²², iok⁵tou⁵⁵m²¹iok⁵] □[iok⁵]：动

渠妈妈就以为渠困咗觉了，[kʰøy³⁵ma²¹ma⁵⁵tʃɐu²²i³⁵uɐi²¹kʰøy³⁵fɐn³³tʃɔ³³kau³³la³³] 困：睡

就大声嗌渠：[tʃɐu²²tai²²ʃɛŋ³³ŋai³³kʰøy³⁵] 嗌：叫

"阿仔，阿仔，我翻=来了！"[a³³tʃɐi³⁵, a³³tʃɐi³⁵, ŋɔ³⁵fan⁵⁵lɔi²¹la³³]

点=知，[tim³⁵tʃi⁵⁵]

个个仔完全都冇回应渠，[kɔ³⁵kɔ³³tʃɐi³⁵yn²¹tʃʰyn²¹tou⁵⁵mou³⁵ui²¹iɛŋ³³kʰøy³⁵]

渠就大惊，就走，[kʰøy³⁵tʃɐu²²tai²²kɛŋ⁵⁵, tʃɐu²²tʃɐu³⁵]

冲埋去到个仔个度，[tʃʰoŋ⁵⁵mai²²høy³³tou³³kɔ³³tʃɐi³⁵kɔ³⁵tou²²] 埋：靠近

一望个仔，[iɐt⁵mɔŋ²²kɔ³³tʃɐi³⁵]

原来个仔咧，就死咗了。[yn²¹lɔi²¹kɔ³³tʃɐi³⁵lɛ⁵⁵, tʃɐu²²ʃei³⁵tʃɔ³⁵la³³]

渠话："点=解个仔会死咧？"[kʰøy³⁵ua³⁵, tim³⁵kai³⁵kɔ³³tʃɐi³⁵ui³⁵ʃei³⁵lɛ⁵⁵] 话：说。点=解：为什么

渠自己问自己，[kʰøy³⁵tʃi²²ki³⁵mɐn²²tʃi²²ki³⁵]

"点=解渠会死个？[tim³⁵kai³⁵kʰøy³⁵ui³⁵ʃei³⁵kɛ³³]

我明明有个饼畀渠食个喔！"[ŋɔ³⁵mɛŋ²¹mɛŋ²¹iɐu³⁵kɔ³³pɛŋ³⁵pei³⁵kʰøy³⁵ʃɛk²kɔ³³uɔ³³]

原来，渠睇清楚咧，[yn²¹lɔi²¹, kʰøy³⁵tʰei³⁵tʃʰɛŋ⁵⁵tʃʰɔ³⁵lɛ⁵⁵] 睇：看

个饼，净系食咗面前个一□，[kɔ³³pɛŋ³⁵, tʃɛŋ²²hɐi²²ʃɛk²tʃɔ³⁵min²²tʃʰin²¹kɔ³⁵iɐt⁵kyt²] 净系：仅仅是。□[kyt²]：量词，一~：一部分

后便个□都冇食到。[hɐu²²pin²²kɔ³⁵kyt²tou⁵⁵mou³⁵ʃɛk²tou³³] 后便：后面。"便"为处所词

渠妈妈就话：[kʰøy³⁵ma²¹ma⁵⁵tʃɐu²²ua²²]

"成个饼咁大，[ʃɛŋ²¹kɔ³³pɛŋ³⁵kɐm³⁵tai²²] 成个：整个

你净系食前便度，[lei³⁵tʃɛŋ²²hɐi²²ʃɛk²tʃʰin²¹pin²²tou²²]

点=解你唔□下手来转来食咧？"[tim³⁵kai³⁵lei³⁵m²¹iok⁵ha³⁵ʃɐu⁵⁵lɔi²¹tʃyn³³lɔi²¹ʃɛk²lɛ⁵⁵]

渠就长叹一声了：[kʰøy³⁵tʃɐu²²tʃʰœŋ²¹tʰan³³a³³ʃɛŋ⁵⁵la³³]

"咁懒个人咧，[kɐm³⁵lan³⁵kɔ³³iɐn²¹lɛ⁵⁵]

死咗都冇用啰！"[ʃei³⁵tʃɔ³⁵tou⁵⁵mou³⁵ioŋ²²lɔ³³]

大懒虫

  我现在说一个《大懒虫》的故事给大家听。在很久很久以前，有个村庄里住着一对母子。因为只剩下母子二人，妈妈很疼爱儿子，什么都替他做了。连吃饭都要喂他，洗完澡了还要帮他穿衣服。这样一来，儿子啥也不用干，日子长了，儿子即使能走能跑，他也不去干活，不帮妈妈的忙，连穿衣服、穿鞋，都要妈妈来帮他，吃饭也要妈妈喂他。有一天，妈妈跟儿子说，我要出去干活，七八天才能回来，

我现在给你做好一个饼,你自己拿着吃。妈妈就知道他不会自己去找饼吃,便故意将饼挂在他的脖子上,叫儿子自己吃饼,自己便出门了。谁知妈妈七天之后回来,一开门,就看到儿子坐在凳子上,动也不动,妈妈以为他睡着了,就大声叫他:"儿子,儿子,我回来了!"谁知,儿子完全没有回应。她大吃一惊,就冲向儿子,一看,原来儿子已经死了。她说:"为什么儿子会死呢?"她自己问自己,"为什么他会死呢?我明明做了个饼给他吃的啊!" 她看清楚了才明白,原来,儿子只吃了那张饼的前面一半,后面那一半根本没有被吃到。妈妈说:"那么大一张饼,你只吃了前面,为什么你不动动手把后面那半转到前面来吃!" 她长叹一声:"这么懒的人哪,即使死了也没有用!"

花生鱿鱼地豆粥 [fa⁵⁵ʃeŋ⁵⁵ieu²¹y²¹tei²²teu²²tʃok⁵]

今日我想讲一个,[kɐm⁵⁵iet²ŋɔ³⁵ʃœŋ³⁵kɔŋ³⁵a³³kɔ³³]

《花生鱿鱼地豆粥》个故事畀大家听。[fa⁵⁵ʃeŋ⁵⁵ieu²¹y²¹tei²²teu²²tʃok⁵kɛ³³ku³³ʃi²²pei³⁵tai²²ka⁵⁵tʰeŋ⁵⁵]

    个:结构助词,相当于"的"。畀:给。地豆:花生

系我细个个时候,[hei³⁵ŋɔ³⁵ʃei³³kɔ³³kɛ³³ʃi²²heu²²] 系:在,读上声。细个:小的

我地⁼屋企⁼咧,[ŋɔ³⁵tei²²ŋɔk⁵kʰei³⁵lɛ⁵⁵] 我地⁼屋企⁼:我们家里

出便有好多小贩过来,[tʃʰøt⁵pin²²ieu³⁵hou³⁵tɔ⁵⁵ʃiu³⁵fan³⁵kɔ³³loi²¹] 出便:外面

摆卖个,叫卖个,[pai³⁵mai²²kɛ³³, kiu³⁵mai²²kɛ³³]

物都有啊,[mɐt⁵tou⁵⁵ieu³⁵a³³] 物:什么

卖白蟹啊,卖粥啊,咁,[mai²²pakʰai³⁵a³³, mai²²tʃok⁵a³³, kɐm³⁵] 咁:这样

我咧,本身就好钟意食粥个,[ŋɔ³⁵lɛ⁵⁵, pun³⁵ʃɐn⁵⁵tʃeu²²hou³⁵tʃoŋ³³i³³ʃek²tʃok⁵kɛ³³] 钟意:喜欢

所以有一日咧,[ʃɔ³⁵i³³ieu³⁵a³³iet²lɛ⁵⁵]

就听到个阿伯担住啲粥,[tʃeu²²tʰeŋ⁵⁵tou³³kɔ³³a³³pak³tam⁵⁵tʃy²²ti⁵⁵tʃok⁵] 担住:挑着。啲:方言俗字,量词,些

系我地⁼门口经过,[hei³⁵ŋɔ³⁵tei²²mun²¹heu³⁵keŋ⁵⁵kɔ³³]

渠就猛嗌了:"花生鱿鱼地豆粥!" [kʰøy³⁵tʃeu²²maŋ³⁵ŋai³³la³³, fa⁵⁵ʃeŋ⁵⁵ieu²¹y²¹tei²²teu²²tʃok⁵] 渠:他。猛嗌:
    大声叫唤

咁我当时咧,[kɐm³⁵ŋɔ³⁵tɔŋ⁵⁵ʃi²¹lɛ⁵⁵]

就好钟意食粥个嘛,[tʃeu²²hou³⁵tʃoŋ³³i³³ʃek²tʃok⁵kɛ³³ma³³]

我就问阿妈攞咗一毫子去买,[ŋɔ³⁵tʃeu²²men²¹a³³ma⁵⁵lɔ³⁵tʃɔ³⁵a⁵⁵hou³⁵tʃi³⁵høy³³mai³⁵]

    攞咗:拿了。一毫子:一毛钱

就问个个阿伯:[tʃeu²²men²¹kɔ³³a³³pak³] 个:远指代词,那;个个:那个

"几钱一碗啊？" [kei³⁵tʃʰin³⁵a⁵⁵un³⁵a³³] 几：多少

个个阿伯就话：[kɔ³⁵ɔ³³a³³pak³tʃɐu²²ua²²] 话：说

"好平个，一毫子了！" [hou³⁵pʰɐŋ²¹kɛ³³, iɐt⁵hou³⁵tʃi³⁵la⁵⁵] 平：便宜

咁我就攞咗一毫子，[kɐm³⁵ŋɔ³⁵tʃɐu²²lɔ³⁵tʃɔ³⁵a⁵⁵hou³⁵tʃi³⁵]

就去买咗碗粥翻⁼来，[tʃɐu²²hɐy³³mai³⁵tʃɔ³⁵un³⁵tʃok⁵fan³⁵lɔi²¹] 翻⁼来：回来

就系屋企⁼食了，[tʃɐu²²hɐi²²ŋɔk⁵kʰei³⁵ʃek²la³³]

点⁼知，我食来食去，[tim³⁵tʃi⁵⁵, ŋɔ³⁵ʃek²lɔi²¹ʃek²hɐy³³] 点⁼知：哪知道，谁知

都系得花生，冇鱿鱼，冇地豆，[tou⁵⁵hɐi²²tɐk⁵fa⁵⁵ʃɐŋ⁵⁵, mou³⁵iɐu²¹y²¹, mou³⁵tei²²tɐu²²] 系：是，读阳去

我就走出去问阿伯：[ŋɔ³⁵tʃɐu²²tʃɐu³⁵tʃʰøt⁵hɐy³³mɐn²¹a³³pak³]

"阿伯，你话有花生，有鱿鱼，有地豆，[a³³pak³, lei³⁵ua²²iɐu³⁵fa⁵⁵ʃɐŋ⁵⁵, iɐu³⁵iɐu²¹y²¹, iɐu³⁵tei²²tɐu²²]

点⁼解就得花生啊？ [tim³⁵kai³⁵tʃɐu²²tɐk⁵fa⁵⁵ʃɐŋ⁵⁵a³³] 点⁼解：为什么

冇鱿鱼同埋地豆［个啊］？" [mou³⁵iɐu²¹y²¹tʰoŋ²¹mai²¹tei²²tɐu²²ka³³] 同埋：和。[ka³³]为"个啊"[kɛ³³a³³]的合音

个个阿伯就话：[kɔ³⁵ɔ³³a³³pak³tʃɐu²²ua²²] 话：说

"细路仔，花生咧，即是地豆，[ʃɐi³³lou²²tʃɐi³⁵, fa⁵⁵ʃɐŋ⁵⁵lɛ⁵⁵, tʃek⁵ʃi²²tei²²tɐu²²] 细路仔：小孩儿

呢碗就叫作花生粥。[lei⁵⁵un³⁵tʃɐu²²kiu³³tʃou²²fa⁵⁵ʃɐŋ⁵⁵tʃok⁵] 呢：近指代词，这

'花生犹如地豆粥'，[fa⁵⁵ʃɐŋ⁵⁵iɐu²¹y²¹tei²²tɐu²²tʃok⁵] 犹如：澳门粤语"犹如"与"鱿鱼"同音

就系'花生粥'咁个意思。" [tʃɐu²²hɐi²²fa⁵⁵ʃɐŋ⁵⁵tʃok⁵kɐm³⁵kɛ³³i³³ʃi⁵⁵]

咁我就好□，[kɐm³⁵ŋɔ³⁵tʃɐu²²hou³⁵lɐu⁵⁵] □[lɐu⁵⁵]：生气

就话畀阿妈听：[tʃɐu²²ua³⁵pei³⁵a³³ma⁵⁵tʰɐŋ⁵⁵]

"阿妈，个个阿伯讹我个，[a³³ma⁵⁵, kɔ³⁵ɔ³³a³³pak³ŋak⁵ŋɔ³⁵kɛ³⁵] 讹：骗

又话花生鱿鱼地豆粥，[iɐu²²ua³⁵fa⁵⁵ʃɐŋ⁵⁵iɐu²¹y²¹tei²²tɐu²²tʃok⁵]

点⁼解得花生啊？" [tim³⁵kai³⁵tɐk⁵fa⁵⁵ʃɐŋ⁵⁵a³³]

阿妈即系咁话：[a³³ma⁵⁵tʃek⁵hɐi²²kɐm³⁵ua²²] 即系：就是

"傻仔，花生即是地豆，[ʃɔ²¹tʃɐi³⁵, fa⁵⁵ʃɐŋ⁵⁵tʃek⁵ʃi²²tei²²tɐu³⁵]

所以花生鱿鱼地豆粥，[ʃɔ³⁵i³⁵fa⁵⁵ʃɐŋ⁵⁵iɐu²¹y²¹tei²²tɐu²²tʃok⁵]

咁就系花生粥了！[kɐm³⁵tʃɐu²²hɐi²²fa⁵⁵ʃɐŋ⁵⁵tʃok⁵la³³]

你快啲食完去困觉了，[lei³⁵fai⁵⁵ti³⁵ʃek²yn²¹hɐy³³fɐn³³kau³³la⁵⁵] 困觉：睡觉

冇咁多事了。" [mou³⁵kɐm³⁵tɔ⁵⁵ʃi²²la³³]

咁我就食完碗粥就走去困觉了。[kɐm³⁵ŋɔ³⁵tʃɐu²²ʃek²yn²¹un³⁵tʃok⁵tʃɐu²²tʃɐu³⁵hɐy³³fɐn³³kau³³la³³]

呢个故事就讲到呢度了。[lei⁵⁵kɔ³³ku³³ʃi²²tʃɐu²²kɔŋ³⁵tou³³lei⁵⁵tou²²la³³] 呢度：这里

<h3 style="text-align:center">花生鱿鱼地豆粥</h3>

　　今天我说一个《花生鱿鱼地豆粥》的故事给大家听。在我小时候，我们家外面有很多小贩摆卖小吃，有卖白蟹的，有卖粥的，等等。我很喜欢吃粥。有一天听到一个伯伯挑着一扁担粥在外面大声叫卖："花生鱿鱼地豆粥！"因为我当时很喜欢吃粥，我就问妈妈拿了一毛钱去买粥，我问那个伯伯："多少钱一碗啊？"那个伯伯说："很便宜的，一毛钱一碗。"我就用一毛钱去买了一碗粥回家吃。谁知，我吃来吃去，粥里只有花生，没有鱿鱼、没有地豆。我就去问那个伯伯："伯伯，你说有花生，有鱿鱼，有地豆，为什么我只吃到了花生？没有鱿鱼和地豆啊！"那个伯伯说："小子，花生就是地豆，鱿鱼就是'犹如'，花生犹如地豆粥，不就是花生粥的意思嘛！"我很生气，就告诉妈妈："妈妈，那个伯伯骗人的，又说花生鱿鱼地豆粥，却只有花生，为什么啊？"妈妈这么说道："傻小子，他说的'花生犹如地豆粥'，那还不就是花生粥嘛！你快点儿吃完粥就去睡觉吧，别生那么多事儿了。"我吃完粥就去睡觉了。这个故事就讲到这儿了。

调查手记

10-1 ◆ 跨海大桥

　　我想，大部分的田野调查者都拥有着丰富的人生经历。说不定某一次的调查任务，便会将你带到一个此前从未想过会去的地方，甚至离开许久都会一直惦记着她。

　　对我来说，澳门就是这样的一个地方。在接到"中国方言文化典藏"项目（以下称"典藏"）澳门点的调查研究任务前，我从未去过澳门，甚至想象不出一幅专属于澳门的画面。2011年7月1日，在澳门定居多年的邵朝阳师兄到拱北口岸接上我和杨璧菀，把我们送到澳门理工学院的宿舍落脚。宿舍的阳台可以看到金莲花广场，夜景是一片霓虹绚烂，摩天大楼浓墨重彩，一座一个风格，神采奕奕地交相辉映。若非有小杨一再叮嘱"早点儿睡"，我几乎忘了已是下半夜1点了。

　　典藏要求项目调查点负责人必须是母语人，或者必须在调查点当地工作，如以这两个"必须"来看，我完全不合格；而澳门又是典藏的"排头兵"，是第一个调查点，带有试点的性质，因此完全没有经验可循；我们又没有取得澳门的逗留签注，调查时间很紧迫。初入澳门，未来得及细细体会初来乍到的新鲜喜悦，"急"字便涌上心头。第二天，我起床后便拉上小杨到外面打探情况，发现澳门理工学院的食堂没有早饭，只能自理；而周围的小馆子最便宜也要30

元澳币一个盖饭。不一会儿邵师兄的电话来了，原来联系的发音人是当地方言文化的热心人士，但要求的报酬过高，大大超出我们的能力；后来又联系了一位发音人，是当地土生土长的退休工人，经讨价还价后，发音费为200澳元/小时（没错，是"小时"！）。我一直在不停地打着算盘，计算着在这儿工作、生活一天的成本，还真是"一国两制"啊！了解情况后，我和小杨立即开始规划在澳门的饮食起居，为了节约时间和经费，我们决定自己做早饭和晚饭。锅、碗、碟、勺、筷、插座等都是从邵师兄家搬出来的，除了油、盐、糖以外，其他全厚着脸皮跟在读的学生"凑合用用"，硬件则买了个超市里最便宜的炒菜锅，180元澳币，回来后发现在电磁炉上没法用，硬着头皮去退货却让超市老板轰了出来，结果是邵师兄出马，声色俱厉地告诉店家要体现澳门人的"质素"素质，才得以妥善解决。邵师兄仗义，翌日又赞助了锅盖一顶，生产资料大体解决。不久后，"澳门方言文化典藏"获得了澳门理工学院的立项资助，但我始终没能坦然面对物价差异，两年里虽多次往返澳门，但除了偶尔去拍饮食图片在外打打牙祭，我每次赴澳的伙食都开伙自理。现在想起来有些愧疚，觉得自己太抠门了，也委屈了诸位同行者，她们每次同我起早贪黑，在外拍照时备受各种美食娱乐诱惑，却又被我狠狠地拽回宿舍，先煮饭后刷碗，完了还要再核对材料直到下半夜。

也许是一开始便着急，往后就形成了心理惯性。每次赴澳门调查总有担心：怕行程太赶调查不完，怕钱花大方了但活儿干得不漂亮，怕调查粗疏遗漏太多……而每当我紧皱眉头、语速匆匆地陈述自己的焦虑时，邵师兄笑眯眯地说："饮茶，饮茶。长命工夫长命做。"他是一点儿也不急，真急死我了！

典藏的调查任务分为两大板块。首先是语料调查，记录音系和方言文化语料。由于赴澳调查机会难得，我们决定用《方言调查字表》对澳门单字音进行记录后，再进行方言文化词语、语篇的调查。与一般调查不同的是，除了纸笔记录以外，典藏项目需要做高品质的录音、摄像。发音人邝荣发先生时年50岁，是澳门电力公司的退休工人，小学文化水平。开始记音时，他有些紧张，说的多半是读书音，我一反问、一核实，声音提高八度半，他更紧张，一再声明自己不是老师，发音不标准。或许是听到我和小杨操着与广府片的口音相去甚远的粤语跟他比画着，过了两天他就逐渐放松了，面对质疑泰然自若，自信地说："我唔觉。你地" 啲乡下音唔

10-2 ◆向老街坊询问调查条目

同个!"我不认为如此。你们说的乡下话不一样吧。经过了3800多个单字音的调查磨合,到了调查方言文化词语时,邝老师已经很熟悉我们的工作目的,他对澳门的儿时记忆阀门被一下子打开了,我的纸笔记录常常跟不上他的语速和节奏,不免由衷感叹每个母语者都是最好的文化传承人。每天记音结束后,邝老师带着我们一大堆存疑的问题回家,跟"四嫂"(他的爱人)、街坊邻舍核对;第二天上午见面时,向我们一一介绍核实结果,或者再为前一天的调查补充几条语料。令人感动的是,邝老师对我们的反复追问或音像摄录时的多次返工表示非常理解,合作态度精诚,好几次录音工作结束时,他的声音都嘶哑了,但毫无怨言。而到了调查后期,邝老师俨然成了"北语录音"软件的专家,无需我们提示,他根据波形便能自觉调整口部与话筒之间的距离,逢送气音便离话筒远些,逢高元音韵母便离话筒近些,一看波形超过了-6便自责不已。有时我觉得勉强能过的条目,他还建议我重新录制,让我佩服不已。正因为有了这样理想的发音人,我和杨璧菀能大胆地多次试验,最终利用投影仪、摄像机与"北语录音"软件相结合,设计了发音摄像、录音同步进行,且能获得高质量音像材料的摄录方案,该方案对机位摆放、人员配合模式、人像大小定位等,都有需严格遵守的操作步骤。后来,在每次典藏新增调查点的调查技术培训会上,我们都会通过模拟演示,将此方案推广给大家,以确保各调查点的多媒体音像材料能达到较高的品质。现在,这种摄录模式也用于"中国语言资源保护工程"的音像摄录工作,在全国广泛使用。

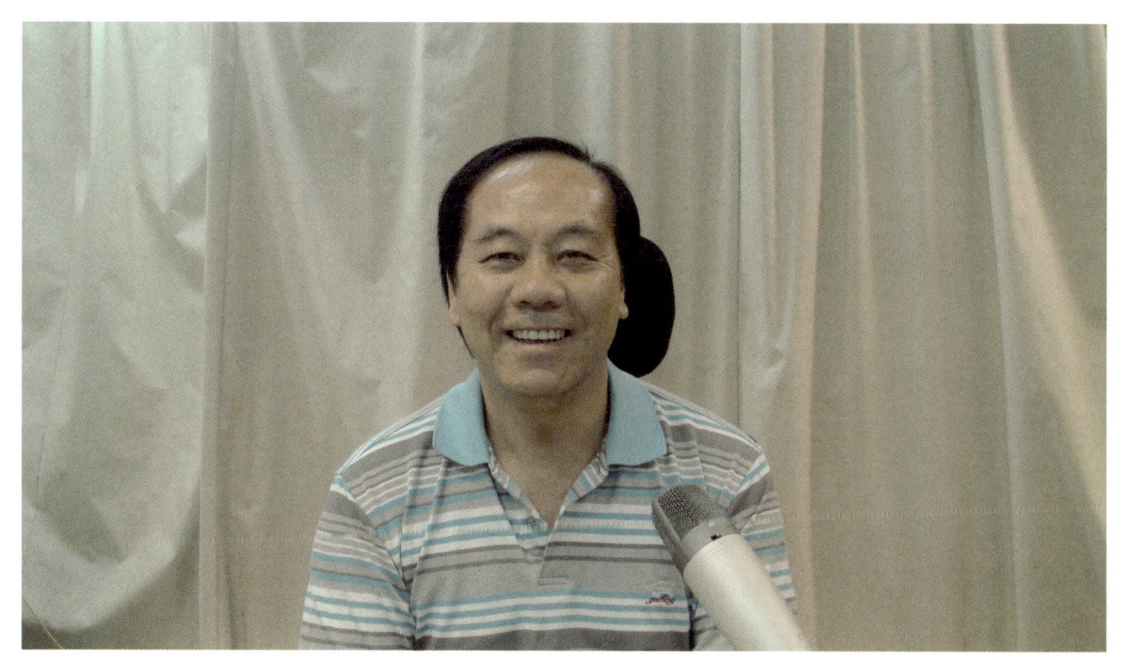

10-3 ◆发音人邝荣发先生

  与学理研究有所不同的是，典藏的创新性在于需对方言文化进行实地调查，需要调查者实地寻访，用照相机、摄像机记录方言文化词语所指的对象，把语言符号与客观世界真正结合起来，这与人类学、民俗学的调查研究方法有相似之处。在进行方言文化调查的过程中，是先语言、后文化，还是先文化、后语言，我曾非常纠结。第一次去澳门时，我尝试着一开始就做方言文化调查，看到什么拍什么，由于不是本地人，觉得什么都新鲜，什么都要拍；但整理时看着好几百张照片，又觉得自己就是个稀里糊涂的旅客，不知所谓；后来在邝老师的配合下完成方言文化词语记录后，再根据记录所得的条目去拍摄，目的性就强多了。方言文化调查难度在于，在历史潮流的涤荡中，有些文化事项在今日已是碎片或残迹，需要去挖掘、去抢记、去保护；再者，我不是当地人，需要去融入，获得信任后才能得到真实的材料。2011年10月，我和杨慧君赴澳专门拍摄方言文化照片，与游客喜欢去赌场、教堂、新马路不同，我们常常是一头钻进巷子里，逢人便问，见到民居、店铺、寺庙就两眼发光，将老百姓习以为常的物件视若珍宝，恨不得全部收到相机的镜头里。碰到算命、祈愿、占卦、博彩等信奉或娱乐活动时，怕拍照会引起别人误会，便到其附近佯装游客，一人摆姿势，一人拿着相机假装为对方拍照，事实上镜头却对着被试，这就是我们的"快速隐匿调查法"。遗憾的是，我们也曾想用此方法深入娱乐场拍摄博彩照片，但几次都被致以警告而宣告失败了。而棺材铺、寿衣店、寺庙、灵堂、先人牌位供放处、坟地……这些离神秘文化最近的地方我们跑了个遍，虽然都以肃然起敬的

澳门调查手记

心情往之，一开始还是会觉得头皮发麻，总是萌生退意，但一来二往就横下心来，似百无禁忌了。后来杨慧君独立承担了典藏衡山点的调查研究任务，她说调查时无论遇到什么问题都能乐观面对，很大程度上得益于在澳门调查时，每次打退堂鼓都被我抽着鞭子、追着赶着迎难而上，最后只能相信办法总比困难多。

  典藏项目涉及一年之中的各种节日节令，需多次往返调查点进行拍摄、记录，这对于在北京仍有科研和教学工作的我来说，是个很大的挑战。于是，我与杨璧菀、杨慧君达成共识，对于节令性的调查条目，三人轮流赴澳查缺补漏，后来还联系了澳门大学的黄梁君同学，由她协助拍摄与婚事相关的条目。2012年年初，我赴澳对春节民俗进行专项调查，由于学生、同事都要回家过年，只好请家人随行管理我的伙食起居。那一年澳门天气阴冷，终日飘着毛毛细雨，我穿着厚厚的羽绒服，脖子上挂着单反相机，肩上背着三脚架，手里拿着摄像机，走在逼仄倾斜的街道里，觉得步子特别的重。外出时由于内地手机信号不稳定，一旦我扎进人群或钻进巷子里后，往往便与家人失联了，全凭心灵感应在某一处相遇，或索性饭点儿时回到住地集合。随着我跑了几天后，妈妈也兴奋起来，常告诉我这个东西她小时候见过，那个活动以前家里也办过，突然说某个词儿的说法她想起来了，那首歌谣听过，但在老家是这么唱的……她说，很多名物、活动早已消失在日常生活中了，甚至受到她青年时代的教育影响，觉得凡旧需破，既然破了则不宜再提起，更不能怀念，但没想到澳门竟然还有，派利是、放鞭炮、舞狮舞龙、抢生菜、财神拜年、祭祀许愿，这些传统风俗现在澳门都由政府、寺庙或企业组织，全民参与，办得红火却不矫情，年味儿十足，这是在家乡或北京过年时都不曾感受过的。我想起小时候常听人说我的老家是个文化沙漠，经济也不发达，潜移默化之中，我自报家门时总带着些自卑，似乎别人皆洋气，舶来品均好。现在想来，或许并不是家乡不好，而是因为我们忽视、甚至放弃了传统文化的传承，久而久之，竟觉得自己一无所有，也不知道我是谁。若中国各地皆如此，谈何自信与复兴！但好在尽管时过境迁，而文化基因就如烙于脑海的胎记，稍加提示便会被唤起，正如那时妈妈在澳门街头对我娓娓道来时的红光满面，精神焕发。这也是我们今天对中国方言文化进行抢救性调查保存的意义所在。

  或者是得益于丰富多元的文化滋养，澳门人热情、圆融。走在街上，若与陌生人目光交

10-4 ◆ 在后台准备的粤剧演员

汇时,彼此一点头,一微笑,只要天色还亮着,道一声"早晨"[tʃou³⁵ ʃen²¹]早上好,距离便近了,能停下攀谈许久,我也从中品味到不同对象的百态人生。有一次,在华士街看到了一座外墙破旧的传统民居,上前询问坐在门口的老人是否能入户参观,老人欣然应允。打开房门,里面光线昏暗,人气惨淡,日常用品四处堆放着,潮湿、黏腻的味儿不太好闻。我只拍到了较为旧式的厕所(见图 1-59),却用更多时间当了老人的听众。原来他一直独身,有时义工会来家里帮忙陪伴,就在这口齿含混的讲述间,想到老人临走时也许连个"担幡买水"送终的亲人都没有,我心中非常难过。在水上街市拜访过去的"水上人家",几个婆婆把我带到义兴码头参观,她们坐在老式的藤制沙发上,把大脚丫子搭在塑料拖鞋上面,大声谈笑,酣畅淋漓,我仿佛看到了过去船儿靠岸后,几家人蹲坐在船头吃饭、闲聊的热闹场景。在福庆街曹大仙庙调查时,得知澳门的许多庙宇都由家庭经营,一家打理一个神仙的凡间事儿,令我很意外。从庙里出来后,"曹大仙"的经营者邀我到街上的咖啡店里小坐,入座后每人一杯热气腾腾的"鸳鸯"饮品,一片抹了花生酱的新出炉面包,聊旅游,聊我的工作,聊跑狗,聊过去七夕有烧"七姐衣"、种绿秧、比赛手巧的风俗,天南地北无所不及,仿佛我是他们认识了多年的朋友。又记得在莲溪新庙"华光诞"的酬神活动里拍摄"神功戏",演出开始前我到后台调查道具名称,演员们都在用心装扮、练嗓、练把式,认真投入,丝毫没有因为这临时的露天舞台并不豪华而放松懈怠。主办方看着我摄影行头齐全,询问细致专业,便将我列为上宾,与赞助商和文化名流安排在同一排，只见身着旗袍的太太们手握香扇伴随节拍挥舞，神态陶醉多情，她们一晚上安坐于简陋的临时靠椅上，不曾离席。

　　澳门几经填海造地，目前仅有几十平方公里，与祖国大地的幅员辽阔相比，她孤悬海表，是名副其实的弹丸之地。然而，在或屈辱，或无奈，或认命的历史轨迹里，她竟悄然避开了数轮激进、颠覆的动荡岁月，自然完整地保存着各式文化元素，在今日看来，以往不堪回首的岁月恰又成为了历史机缘的眷顾。行走于澳门满载沧桑的老街上，我常常有穿越时空的错觉，我从海边新街晾晒的鱼干里嗅到了昔日渔村的咸香；从气势恢宏的教堂、热情奔放的葡国土风舞里体验到了浪漫的欧洲风情；从随处可见的"门口土地"和香火鼎盛的寺庙中触摸到了传统文化生生不息的传承；华灯初上之时，又从娱乐场的霓虹绚烂中惊叹她作为国际都市的富丽繁华。现在有很多城市要为打造文化名片专门搜罗文物残迹，或是人为作古，刻意粉饰，而澳门具备得天独厚的优势，她本身就是个历史文化博物馆，不紧不慢，不慌不忙地前行，传统与欧化并存，古旧与繁华并重，勤勉与奢靡并行。我想，这也许就是我们一直所追求的"和而不同"。

参考文献

过国亮 2011 两座哪吒庙哪吒诞各有特色，《南方都市报》6月17日ZB08版。
黄　翊 2007 《澳门语言研究》，商务印书馆。
〔清〕屈大均　《广东新语》，中华书局1997年出版。
邵朝阳 2003 澳门博彩语研究，北京语言大学博士学位论文。

索引

1. 索引收录本书"壹"至"捌"部分的所有条目,按条目音序排列。"玖"里的内容不收入索引。
2. 条目首字如是《现代汉语词典》(第7版)未收的字、方框"□",统一归入"其他"类,列在索引最后,并标出整个词的音。
3. 条目中如有方框,在后面标出整个词的音。
4. 每条索引后面的数字为条目所在正文的页码。

A

挨□椅 [ŋai⁵⁵pʰɛŋ⁵⁵i³⁵]	62
艾草	279
案	63

B

八卦	202
八角亭	44
白菜干	113
白饭鱼	81
白鸽票	177
白斩鸡	122
百叶木窗	32
摆地摊	152
拜父母	220
拜山	250
拜神	243
拜神菜	281
拜鱼栏	258
拜月光	272
拜祖先	221
板凳	64
伴郎	219
绊带鞋	80
包袱	253
刨	138
鲍片炒芽菜	113
爆竹业	161
碑亭	45
北帝庙	192
背心	77
箆	83
饼□ [pɛŋkʰat]	214
饼屋	151
饼印	55
钵仔糕	100
补鞋	146
布料	145

C

猜灯谜	275
财神	196
财神拜年	244

裁缝铺	144	打蟀	176
采青	259	大肚佛	187
菜肉包	96	大发	101
参=花挂红	237	大笼糕	239
草帽	79	大门	29
叉烧	119	大炮台	48
叉烧包	96	大三巴牌坊	46
茶煲	53	大食会	170
茶果汤	94	大王庙	191
茶壶	73	大屋	18
茶庄	161	蛋挞	99
柴刀	131	当中	165
柴堆	132	挡煞镜	203
铲	131	当铺	164
长安乐	231	凳	60
长生	226	凳仔	64
长生店	226	地牢	43
炒河粉	95	地堂	36
炒面	93	地主	196
铛	53	点心	221
城隍	197	钉耙	133
埕	69	兜	57
秤	154	豆腐花	110
吃龙船头饭	259	豆腐扑=	108
出嫁	220	豆蓉包	97
出巡	264	逗利是	244
厨房	21	赌场	162
锄	130		
窗	33	**E**	
窗花	33	耳环	83
锤仔	135		
祠堂	198	**F**	
慈姑丁	281	发财	242
村	41	发夹	82
		方凳	62
D		放荷花灯	270
沓宝	252	飞发	143
打麻雀	177	飞发铺	142

坟头	230	花园	36
粉肠肉丸粥	91	华光诞	190
粉果	98	华光帝	191
凤鸡舞	269	化宝	200
凤爪猪肠	122	画粉	145
浮芦仔	85	画花碗	141
蝠鼠吊金钱	165	灰匙	136
斧头	139	灰桶	136
腐乳	110	挥春	236
		火钳	54
G		火水灯	65
咖喱角	104	镬	53
咖喱鱼蛋	123		
钢窗	32	**J**	
缸瓦铺	149	鸡毛扫	69
功夫鞋	80	鸡仔饼	105
贡品	254	及第粥	90
箍	146	吉饼	241
刮须	143	徛身柜	71
挂灯笼	274	嫁女饼	215
关公	199	煎堆	239
关纸	225	煎鲮鱼	242
观音堂	188	碱水面	92
光酥饼	104	碱水粽	279
过礼礼篮	213	箭=	64
		角尺	136
H		教堂	207
海月窗	32	接新娘	219
蚝油庄	160	街市	173
好市	242	洁净盆	201
河粉	95	金花夫人	224
核桃酥	105	金铺	149
红纸	237	金银	252
后土	255	金银润	118
护身符	201	井	42
花卷	91	颈链	84
花生糖	107	敬茶	222
花市	238	敬酒	171

九层糕	102	卖雪糕	154
锯	138	盲公饼	104
		帽	79
K		梅菜	113
康公庙	191	梅酒	111
康乐棋	181	门	28
壳	54	门墩	31
葵扇	54	门口土地	195
		门神	197
L		米粉	94
腊肠	118	米铺	148
腊肉	118	棉花糖	106
腊鸭	119	棉衲	76
篮	72	面盆架	67
擂浆棍	56	描字	255
里	37	磨刀	147
莲蓉包	97	墨斗	136
莲溪新庙	190	木窗	31
凉茶	111	木床	58
晾衫架	66	木雕	140
灵堂	228	木刻	140
菱角	273	木屋	20
琉璃瓦	23	木艺工会	137
龙凤鈚	213		
笼	70	**N**	
萝白゠糕	103	哪吒诞	263
箩	132	哪吒庙	262
		哪吒太子	266
M		哪吒童子	267
孖烟通	78	泥水佬	135
妈阁庙	184	年宵市场	238
妈祖	183	牛鼻圈	85
马拉糕	102	牛杂	124
马蹄糕	103	糯米包	106
马闸゠	63	糯米鸡	107
买风车	246	糯米卷	107
买粽	278	女娲庙	186
卖鸡公榄	155		

P

扒龙舟	277
耙	133
牌坊	45
派利是	222
跑狗	182
盆菜	269
飘色	267
葡国石仔路	40
葡国土风舞	182
葡挞	100

Q

骑楼	26
骑楼仔	27
钳	139
抢花炮	265
桥	49
求子	224
全盒	241

R

肉脯	116
乳猪	222

S

洒净	264
撒钱	280
三牲	281
扫把	68
扫仔	55
纱柜	57
砂盆	56
筛	133
山货铺	149
山神土地	255
扇	69
赏月	270
烧鹅	123
烧街衣	280
烧卖	96
烧炮仗	245
烧肉	120
烧头香	247
筲箕	132
神功戏	260
神龛	199
神台	199
神主牌	227
生炒糯米饭	91
生滚鱼片粥	90
鉎铁屋	21
圣杯	200
十五和	178
石敢当	204
石敢当行台	205
石米墙	25
石磨	73
石墙	24
食大辘竹	173
食汤圆	275
食斋	243
屎坑	42
手鈪	85
寿包	225
寿衣铺	227
树皮墙	23
水上人家	156
水师厂	48
水柿	273
水巷	39
水鞋	81
四方台	62
松山灯塔	47
酸菜	116
酸萝白	117

酸木瓜	117	玩灯笼	271
		玩高跷	181
T		玩□ [uan³⁵pʰɛ⁵⁵]	180
台	60	围	38
太岁	187	围裙	78
摊档	152	瓮	68
谭公诞	261	瓮缸	68
炭炉	52	屋	17
唐装衫	76	屋顶	22
糖冬瓜	240	五桶柜	71
糖姜	241	舞龙	268
糖莲藕	240	舞狮	245
糖莲子	240	舞醉龙	256
烫枕	145		
趟栊	29	**X**	
藤椅	63	喜联	223
藤枕	59	喜帖	222
梯	73	虾干	115
踢轿门	218	虾饺	98
剃头布	143	虾子捞面	92
天井	34	咸煎饼	97
添丁甜醋	225	咸肉粽	279
添香油	200	咸水草	73
贴春联	237	咸酸湿	111
贴门神	237	咸鱼	115
铁斗车	131	蚬蚧	116
亭	44	香炉	200
艇仔	157	香塔	201
艇仔粥	91	香烛冥镪，金银衣纸	252
童男童女	229	橡筋	83
头箍	83	笑丧	227
头巾	77	鞋箭⁼	81
敁凉	173	鞋楦	146
土地	194	蟹栏	159
兔仔灯笼	271	新郎哥	216
		新娘	217
W		杏仁饼	102
瓦片	22		
瓦碗	56	**Y**	

丫杈	67	炸豆腐	110
押店	166	炸鸳鸯	123
伢伢床	58	招魂幡	229
亚婆井	43	招牌	151
杨桃灯笼	271	折椅	62
椰衣扫	68	砧板	56
叶仔	105	斟茶	254
伊面	93	斟酒	254
衣车	145	枕头	216
衣仔	253	蒸笼	53
银号	167	芝麻糊	105
以早茶	172	织草	140
油灯	199	纸皮石墙	25
油角	239	钟馗	203
油漆佬	135	猪肠粉	95
油炸鬼	97	猪脚姜	225
游龙舟水	276	猪仔饼	273
有爷有子	214	竹尺	145
鱼饼	104	竹床	59
鱼栏	159	竹帽	79
渔网	157	竹扫	69
玉鈪	84	竹升面	93
玉戒指	84	竹刷	55
浴佛节	258	竹席	59
元宵灯会	275	砖墙	24
圆凳	61	着棋	176
圆台	61	装香	254
远和坚炭	158	子孙尺	217
月饼	272	子孙桶	216
月光衣	272	走马骑楼	28
月门	30	做冬	281
粤剧	174	做面粉公仔	147
粤曲	174		

Z

杂货铺	148		
凿	139		
灶头	52		
择ᵌ溪钱	253		

其他

剕 [pʰɐi⁵⁵]	139
□带 [mɛ⁵⁵tai³³]	84
□巷 [laŋ⁵⁵hɔŋ²²]	38
□粟米 [tʃøt⁵ʃok⁵mɐi³⁵]	147
□窗 [iaŋ³³tʃʰœŋ⁵⁵]	33

后记

2010年暑假,曹志耘老师带领我们筹划实施"中国方言文化典藏"(以下称为"典藏")项目,拟对全国各地的方言文化进行抢救性的调查和保存。恰逢澳门理工学院与北京语言大学、教育部语言文字应用研究所合作成立了澳门语言文化研究中心,以澳门语言文化的调查研究为己任,在此机缘之下,澳门成了典藏项目的第一个调查点,也是澳门语言文化研究中心的第一个项目(由曹志耘教授主持)。天时、地利、人和兼备,才让既非母语者、也非当地定居者的我走进澳门,在多方协助下编写完成了这本图册。

典藏课题中的"方言文化",是指用特殊方言形式表达的具有地方特色的文化现象,包括地方名物、民俗活动、口彩禁忌、俗语谚语、民间文艺等。由于其调查内容涉及一年之中的各种节日节令,部分文化现象需深度参与当地人的生活之中才能获得数据,还要使用先进的音像摄录手段进行数据保存,故需多次赴澳进行实地调查或核对,回京之后还要进行大量的资料整理和归档工作,研究任务艰巨。幸好在此过程中得到了澳门理工学院澳门语言文化研究中心的大力支持,研究中心和周荐教授为我提供了音像摄录所需的场地以及赴澳期间的住处,协助我们在澳门理工学院印刷出版了《澳門方言文化典藏圖冊》(繁体字版,用于结项),并应允我经修改增补后在内地正式出版本书。为此,我在原有基础上做了大量的语料补充调查和书稿修改充实工作,增加了"说唱表演""索引""调查手记"等章节,补充了部分词条和图片,并附加音像材料,使其成为"EP同步版"。此外,感谢澳门大学邵朝阳博士对我的调查工作有求必应,并为我联系了理想的发音人;感谢发音人邝荣发先生精诚配合调查和摄录工作;感谢澳门大学的黄梁君同学提供了婚礼和部分名物的照片;感谢田凯、欧俊轩、杨璧菀、杨慧君通力合作,协助完成了大量的拍摄任务。

这些年来，我的老师曹志耘教授一直在身体力行地实践学术转型，力求从"为了学术而学术"的学理研究中走出去，做面向实际问题、面向社会大众、面向国家需求的研究。我和刘晓海等同仁一起，与曹老师共同思考、探索、创新、改变，从"汉语方言地图集""中国语言资源有声数据库建设"到"中国方言文化典藏"和"中国语言资源保护工程"，不知不觉已走了十年时间。特别是近五年来，我们的时间、精力大量投入到重大工程项目论证、各类规范制定，调查表编写，语言资源数字化、音像化、社会化以及科研事务管理等方面，很多领域都需从零开始，头绪繁杂，遇到的难题不计其数。我记不清有多少次因观点不同而争辩得面红耳赤，有多少次觉得难以坚持下去而想着回到学理研究中去算了，有多少次淡然应对一些同行质疑"这算科研成果吗"，而后又毅然决然地坚持下去……在此期间，有曾经的志同道合者离开，也有新鲜力量加入，我依然不敢懈怠，紧跟着前方拓荒人的步伐大步流星地奔跑，痛并快乐着。如今，作为中国语言资源保护工程的标志性成果，包括澳门在内的典藏第一辑图册即将问世，与过去写学术论文时渴望得到业内人士首肯的心情不同，我更希望典藏图册能成为语言学专业以外的人敢于甚至乐于翻阅的读物，希望从这些原生态的图像和声音、客观的方言音标转写以及质朴的文笔中，大家看得见山，望得见水，听得见乡音，梦得见乡愁，感受到中国传统方言文化的魅力。

最后，由于时间、精力有限，本书定有不尽完善之处，敬请读者朋友批评指正。

王莉宁

2014 年 10 月于北京

图书在版编目（CIP）数据

中国语言文化典藏.澳门/曹志耘主编；王莉宁著.—北京：商务印书馆，2017
ISBN 978-7-100-13959-5

Ⅰ.①中⋯ Ⅱ.①曹⋯②王⋯ Ⅲ.①粤语—方言研究—澳门 Ⅳ.①H17

中国版本图书馆CIP数据核字（2017）第112348号

权利保留，侵权必究。

中国语言文化典藏·澳门

曹志耘　主编
王莉宁　著

商务印书馆出版
（北京王府井大街36号　邮政编码100710）
商务印书馆发行
南京爱德印刷有限公司印刷
ISBN 978-7-100-13959-5

2017年9月第1版
2017年9月第1次印刷
开本：787×1092　1/16
印张：21¾

定价：168.00元